U0142478

認識隱私

Privacy

Center for Civic Education　原著
財團法人民間公民與法治教育基金會　策劃出版

國家圖書館出版品預行編目資料

認識隱私 / Center for Civic Education原著；郭菀玲譯.
　--二版. -- 臺北市：民間公民與法治教育基金會，
　2012.04
　面；　公分
　譯自：Foundations of Democracy：Authority,
　　　　Privacy, Responsibility, and Justice
ISBN 978-986-88103-1-0（平裝）

1. 公民教育　2. 民主教育　3. 隱私權

528.3　　　　　　　　　　　　　　101005813

認識隱私　　　　　　　　　　　　　　　　民主基礎系列

原著書名：Foundations of Democracy: Authority, Privacy, Responsibility, and Justice
著 作 人：Center for Civic Education（http://www.civiced.org）
譯　　者：郭菀玲
策　　劃：黃旭田、張澤平、林佳範
法治教育向下扎根中心
顧　　問：賴崇賢、康義勝
諮詢委員：民間司法改革基金會代表：黃旭田、林佳範、高涌誠、洪鼎堯
　　　　　台北律師公會代表：李岳霖、黃啟倫、張澤平、謝佳伯
　　　　　扶輪代表：張廼良、周瑞廷、陳俊鋒、周燦雄
編輯委員：林佳範、高涌誠
責任編輯：許珍珍
出 版 者：財團法人民間公民與法治教育基金會　（104台北市松江路100巷4號5樓）
　　　　　財團法人民間司法改革基金會　（104台北市松江路90巷3號7樓）
　　　　　台北律師公會　（100台北市羅斯福路一段7號9樓）
出版者電話：（02）2521-4258 傳真：（02）2521-4245
出版者網址：www.lre.org.tw

合作出版：五南圖書出版股份有限公司
發 行 人：楊榮川
地　　址：106台北市大安區和平東路二段339號4樓
電　　話：（02）2705-5066（代表號）
傳　　真：（02）2706-6100
劃　　撥：0106895-3
網　　址：http://www.wunan.com.tw
電子郵件：wunan@wunan.com.tw
法律顧問：林勝安律師事務所　林勝安律師

版　　刷：2012年4月二版一刷
　　　　　2019年10月二版四刷
定　　價：150元

認識隱私——出版緣起

財團法人民間司法改革基金會法治教育向下扎根中心副主任　張澤平律師

　　本書原著是美國公民教育中心（Center for Civic Education；http://www. civiced.org）所出版的「民主的基礎：權威、隱私、責任、正義」（Foundations of Democracy: Authority,Privacy,Responsibility,Justice）教材中，適用於美國3至5年級學生的部分。原著的前身則是美國加州律師公會在1968年，委託設於加州大學洛杉磯分校（UCLA）的公民教育特別委員會，所發展的「自由社會中之法律」（Law in a Free Society）教材。教材的發展集合律師及法律、政治、教育、心理等專業人士共同開發而成，內容特別強調讀者的思考及相互討論。原著架構歷經將近四十年的淬鍊，目前已廣為世界各國參考作為公民教育、法治教育的教材。出版者有感於本書的編著結合各相關專業領域研發而成，內容涉及民主法治社會的相關法律概念，所舉的相關實例生動有趣，引導的過程足以帶動讀者思考，進行法治教育卻可以不必使用法律條文，堪稱是處於民主改革浪潮中的台灣社會所不可或缺的公民、法治、人權、品德教育參考教材，因此積極將其引進台灣。

　　這本書的主題——「隱私」，是民主社會中個人自由的核心。國家社會存在的目的，即在保障個人的自由，隱私的探討有助於我們進一步了解自由的內涵。書中鮮少有空泛的論述，取而代之的是一個一個發生在社會中的實例及問題，以及解決問題的思考工具（Intellectual Tool）。書中從不直接提出問題的答案，而希望師長帶著學生，或讀者彼此之間，在互相討論的過程中，分享、思考彼此的想法，進而紮實的學習領會書中所討論的觀念。討論不僅可使這些抽象觀念更容易內化到讀者的價值觀裡，討論的過程更可匯集眾人的意志，進而訂定合理的規範，是民主法治社會中最重要的生活文化。（歡迎讀者至法治教育資訊網www. lre.org.tw參與討論）

引進本書其實也期望能改變國內關於法治教育的觀念。不少人認為法治教育即是守法教育，抑或認為法治教育應以宣導生活法律常識為主。然而，如果能引領學生思考與法律相關的重要概念或價值，則遵守法律規範，當是理所當然的結果。懂得保護自己權益的人，當然也應當尊重別人的權益，瑣碎的法律規定應當不必耗費大多數的課堂時數。由此當更容易理解，法治教育應對施教的素材適當的設計揀選，才能夠達到事半功倍的效果。此外，無論法治教育的施教素材為何，也應當都是以培養未來的公民為目標。過度強調個人自保的法律技巧，並無助於未來公民的養成，當非法治教育的重要內涵。現代法律隱涵著許多公民社會所強調的價值，例如人權、正義、民主、公民意識、理性互動等等，都有待於我們透過日常生活的事例加以闡釋，以落實到我們的生活環境中。未來能否培養出懂得批判性思考的優質公民，已成為我國能否在國際舞台上繼續保有競爭力，以及整個社會能否向上提昇的重要挑戰。

自2003年起，民間司法改革基金會即與中華扶輪教育基金會、台北律師公會共組「法治教育向下扎根特別委員會」，並由台北律師公會與美國公民教育中心簽訂授權合約，將其在美國出版的「民主基礎系列叢書－權威、隱私、責任、正義」系列出版品（含適用於美國2年級之前，及3至5年級學生之教材及其教師手冊）授權在台灣地區翻譯推廣，執行多年來，已在多所國小校園內實施教學，並榮獲教育部國立編譯館94年度、95年度獎勵人權教育出版品之得獎肯定。我們衷心期盼本書的出版能普遍喚起國人重視人權及民主法治的教育問題，並提供國民中學一套適當的教材，期待各界的支持與指教。（教師讀者若須索取本書的教師手冊，請另洽五南圖書）

張澤平

教育工作者在輔導管教學生行動中應有的理念

臺北市立教育大學教育行政與評鑑研究所教授　吳清山

　　「作為一個教育工作者，不能只有行動而沒有理念」，那麼我們該用什麼理念來回應學校場域中有關「權威、隱私、責任、正義」等問題呢？我的好朋友黃旭田律師負責的「民間司法改革基金會法治教育向下扎根中心」所出版的「民主基礎系列叢書──權威、隱私、責任、正義」就提供大家許多有意義的「理念」。

　　首先，「權威」通常就是大家公認為應該要接受的，它常以「領導人」與「規則」方式呈現。而討論「領導人」，要問的是「這是什麼職位」、「需要什麼能力」、「有多大的權力」？老師就是班級裡的領導人，負責教導學生「知書達理」，也就是幫助學生學讀書也學作人，如果學生作錯或是沒有作好，好的老師要有耐心，有好的EQ，才能循循善誘。

　　老師對學生的偏差行為依法是有「輔導管教」的義務與責任，但界限在那裡？這就涉及「權威」的另一個概念：「規則」，人類社會的規則中最清楚（明文）而且完整的就是法律。廣義的法律尚包含法規命令，甚至行政規則與釋示，目前除教育基本法明文規定老師不可體罰外，「公立高級中等以下學校教師成績考核辦法」更明文規定「違法處罰學生」、「不當管教學生」依情節要給予記大過或記過處分！然而我們不應該只是因為「畏懼」法律而不去「體罰」學生，更重要的是包括老師在內的每一個領導人都應該了解自己的「權威」有其界限，否則就會變成「濫權」！

　　其次，有關於老師的「責任」，這也絕對不只是「因為規定要記過就記過」！大家要了解，責任的承擔固然常常來自法律或命令，但更多數時候是來自「承諾」，老師應聘時都會簽署一份「聘約」，聘約上都載明要「遵守教育法令與學校規章」，老師既然應聘就是同意聘約上的要求，如果作不到，當然要負起

責任！固然現在的孩子調皮不好教是事實，但是「十年樹木，百年樹人」，學生好教，何必要老師？好的老師應該信守承諾，承擔責任。

　　其實教師體罰發生時，學校面對老師與家長沒有理由去偏袒任何一方，這就是「公平」，而公平就是「正義」，在「正義」的概念裡除了「分配正義」、「匡正正義」還有「程序正義」，學校在處理體罰事件中，如果更小心處理，就比較不會被質疑公正性。學校是一個教育場域，應該要有更多的包容與尊重，學校既然接納許多學生，風吹草動都會受到社會矚目，因此學校與老師對相關的程序如果能更慎重小心，確保「程序正義」，相信就不致於讓家長對於「匡正正義」的結果感到不放心。

　　最後談到「隱私」，很多人以為只是「保密」而已，其實保護個人資訊不讓不相干的人知道，當然是「保密」（資訊的隱私），但「隱私」的觀念不僅止於此，它更包含「不被觀察」（觀察的隱私）、「不受干擾」（行為的隱私）。有時候家長因體罰事件決定孩子轉學，讓孩子換個環境，除了有助於減輕孩子創傷的後遺症以外，也有助於孩子「不受觀察」與「不受干擾」。我更希望媒體不要一陣子就跑去報導一下「昔日受暴的孩子現在……」，在資訊自由的同時，也請給孩子多一點隱私吧。

　　這套書真的很棒，幾個很清楚的概念就可以幫助老師們在教育現場有正確的理念去採取適當的行動。另一方面，這套教材強調討論，更令我讚賞，因為教育的本質原本就是多元性、獨特性與價值性，因此在沒有標準答案的這套教材裡，我看到實踐教育111——「一個都不少」和「不放棄每一個學生」的可能性。所以我樂於向老師推薦！

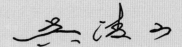

沒有標準答案的真實世界

荒野保護協會榮譽理事長　李偉文

　　大部分人從十一、十二歲開始進入前青春期，一直到十五、六歲為止，大致算是處在「情緒的風暴期」，覺得誰都不了解他，也看什麼都不順眼，從大人的角度而言，這個階段的孩子好辯，挑剔，挑戰權威，為反對而反對。

　　大人或許要了解，叛逆其實是正常的，甚至是必要的，因為叛逆是一切開創的源頭，沒有叛逆，只有依附與屈從，一切的創造與獨立就不容易發生。因為這個階段的孩子是從受父母百分之百照護之下的兒童，跨到獨立自主的成年人的過渡時期，渴望又害怕脫離家庭；在身體快速成長中，有許多狀況是他們自己不了解也無法掌控的。比如說，控制理性思考與行為的大腦前額葉尚未發育完成，往往由負責情緒活動的杏仁核來掌握行為表現，因此在理智上，青少年知道打人不好，飆車吸毒也都不好，杏仁核卻驅使他們去做，並獲得情緒上立即的滿足。

　　當我們了解這個過程時，也就能真正體會到這套「民主基礎系列叢書」的重要性。因為書裡面沒有青少年最厭惡的「道德教訓」，當大人在台上說一些自己也做不到的規範時，若孩子認為如此的成人是「偽善」時，只會加速把他們推向另外一國，形成彼此無法理解的世界。

　　因此，我覺得這套書最棒的地方是，書裡面沒有告訴我們標準答案，指導我們該怎麼做，只是丟出一個又一個我們在生活中會碰到的真實情境，勾起孩子的興趣之後，再引導他們如何去思考。書裡提供了一套思考的工具，也就是一組想法和問題，透過這些問題來引導他們學會「辨別」、「描述」、「解釋」、「評估立場」、「採取立場」、「為立場辯護」等等合乎邏輯的技巧運用，幫助我們在不同情境之下做決定並採取行動。

　　總是覺得台灣的老師或家長最大的問題就是事事都要給孩子一個標準答案去

遵循才會安心，也才會甘心，偏偏這剛好就是孩子眼中最討厭的教條與威權。其實若是我們承認在這個不斷變動且愈來愈複雜的世界裡，沒有簡單或固定不變的答案，但是我們還是可以透過這些思考的工具，共同討論出一個在目前情境下比較適切且符合大多數人利益的做法。只有大人懷抱著這種開放且多元的心態願意與孩子對話時，公民教育才有可能真正的落實，民主的素養才有可能養成。

這套書裡提供的許多故事，雖然區分為認識正義、認識隱私、認識責任、認識權威四冊，但不管是那一冊那一個故事，其中都包括了許多觀念與價值必須釐清與討論，彼此也許有衝突，在輕重緩急之下也必須要有取捨，讓孩子了解在不同社會不同情境之下或許會得出不同的解決方案，跟我們所處的真實世界是一樣，其實是沒有永世不變的標準答案。這套書裡的故事不管是老師在課堂上或家長在家裏或社區裡，都非常適合和孩子們一起演出來，透過這些擬真的情境，讓孩子從理智的認知，有機會進入到身體動作與情緒的激發，內心有感受有體會才會回應到行為習慣與價值觀的形成。

仔細看完這套叢書之後，心中最大的遺憾是許多大人在學生時代沒有上過這套課程，尤其是那些原本應該是孩子學習典範的立法委員或在電視上夸夸而談的名嘴。

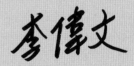

「有禮貌、更講理」的魔力種子在萌芽

財團法人蔚華教育基金會董事長　許宗賢

　　在一次民間司法改革基金會法治教育向下扎根中心的會議中，有位從事法治教育推廣的種子教師分享了一個親身的小故事，一群原本課後在便利商店會橫衝直撞的孩子們，在上過一系列法治教育課程之後，老闆不可思議的對老師說這群孩子最近變得「有禮貌、更講理」了！這個分享令在場的我們不禁莞爾，同時也深感欣慰，這不就是法治教育、向下扎根的目標嗎？

　　法治來自我們生活中的大小事，從生到死，都與每個人的生活、工作密不可分，而非單純只是在「生活與倫理」或是「公民與道德」這類教科書的單向學習裡。民間司改會法治教育向下扎根中心引進美國公民教育中心的「民主的基礎：權威、隱私、責任、正義」教材，客製化出版了適合我們自己的民主基礎系列叢書。在不一定有標準答案的世界裡，以民主法治社會的相關法律概念為核心，將人類共同生活中所面臨的問題作為範例，引導孩子們做不同的學習，多面向地思考問題所在，運用法治基礎概念和技巧，找尋線索，分析資訊，經由團隊討論，進行各種考量，共同歸結出一個解決問題最適當的方法。這一連串運用生活案例的思考和練習，不但過程有趣，沒有繁瑣死記條文的負擔，無形中，不僅習得法律相關概念，了解公民的權利與義務，懂得表達自己的見解，同時也能傾聽並接納他人的看法，法治教育與民主素養已悄然扎根。

　　對於法治教育向下扎根才能培養承擔責任的下一代公民觀念十分認同的我，除了肯定這套教材的出版與近期重新編修的用心外，更對種子教師的培訓和發展給予支持。感謝身為教育第一線的教師們在課程上引導孩子們進行互動式的參與，刺激更多主動學習的欲望；同時，我也鼓勵家長們利用機會教育，運用本書

作為親職教育與討論溝通的題材。在台灣民主發展前行的寶貴歷程中，我們都有機會為將來一個講理、法治的社會散播公平、正義的種子。

許雪姬

具體深入又生活化的品格培育

台灣師範大學人類發展與家庭學系教授　黃迺毓

　　前陣子有機會認識一位年輕人，閒聊間，我們談到職棒打假球事件，我告訴他，這個新聞令我覺得很難過，有被欺騙的感覺，對球員的品德感到失望和悲哀，也不知道以後還會不會喜歡看棒球賽。

　　相對於我的不勝欷噓，他說：「這不是他們的錯，我們職棒選手的待遇比起美國來太低了。」

　　「可是他們本來就知道他們所選擇的工作就是這樣的待遇啊，何況比起一般人，他們的薪水也不低。」

　　「哪個人不想過好一點的生活，職棒選手能打球沒幾年，能撈錢就得把握機會。」他還是認為打假球是情有可原。

　　我看著他認真的為球員「設身處地」，心裡很惶恐，這位看起來前途無量的青年，雖然坦白，他的價值觀卻令我懷惱。

　　還有一個推甄進入國立大學的年輕人，當人家向他討教推甄經驗，他輕鬆的說：「唉呀，都是我媽和她的助理幫我弄的啦！」在他人的瞠目咋舌中，他似乎覺得別人太大驚小怪，媽媽是教授，為什麼不能「善用資源」呢？

　　以上是我經常遇到的例子之一小部分，我們有很聰明的年輕人，他們努力的追求成功和卓越，也都具備不錯的能力，卻在學習過程中，因著缺乏法治的觀念，無法辨別是非，即使隱約中有來自良知的聲音，卻往往敵不過似是而非的世俗價值觀。如果這些人成年後有了地位或權力，掌握了社會資源，卻因道德判斷力的偏差，不但可能殃及無辜，還可能身敗名裂。而這些品格和法治觀念的形成，非借重教育的力量不可。

　　然而，這些年來教育界成了過街老鼠，顯示民眾對教育功能的期望落空，有

人歸咎於社會風氣敗壞，有人怪罪家庭功能不彰，家長放棄管教，當然也有人指責學校的師長沒有發揮專業的影響力。在抱怨聲中，我聽到的是：我們多麼期望教育能真正切中我們的關鍵需求，讓全民的生命品質能提升。

法治教育向下扎根中心所推廣的《民主系列叢書》少年版，其教學理念與設計，是以學生學習及培養討論思辨為核心，教師引導為輔的書籍。這套叢書提供了一套很精闢又有趣的課程，談的內容是每一個人都應該要學習的，例如正義、責任、隱私、權威等，一般視為品格或品德，然而品格強調的是內在修養，殊不知藉著法治教育可以導正我們社會的人情，使之能發揮正確的功能，也藉著法治教育，讓品格的培育可以具體化、深入每個人實際的生活中。

青少年在成長過程中，能有這般的學習機會，應該可以培養出正確的法治觀念，而且因為經過自己的思考，所建立的觀念就不會輕易受到外界的污染而改變。

希望有一天，會打球的就好好打球，發揮上天給他的天分，享受練球的辛苦和賽球的刺激，而我們不會打球的人可以開開心心看球賽！

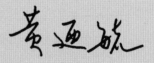

有效的公民教育方案的特徵

有效的公民教育方案，因為至少四項特徵而顯得與眾不同：

■ 學生彼此間有大量互動。強調學生間互動和合作學習的教學策略，對於培養公民
　參與技巧和負責任的公民至為關鍵。這類教學策略的例子包括：小組合作、模仿、
　角色扮演和模擬法庭等活動。

■ 內容需具現實性，且能平衡地處理議題。現實地與公平地處理議題，是有效的公
　民教育的必要元素；針對爭議的各個層面進行批判性的思考，亦同樣不可或缺。
　假如上課時我國的法律和政治體系被描述得彷彿完美無缺，學生會懷疑老師說話
　的可信度和課本內容的實際性。相反的，如果課文只列出這兩個體系失敗的例
　子，則會導致學生不大相信這兩個體系可用於維持社會的秩序和公平。是該尊重
　法律和政治體系，還是針對特定案例中體系的適用情況提出建設性的批評，兩者
　間應該取得平衡。

■ 運用社區資源人士參與課程進行。讓學生有機會與工作於我國法律和政治體系內
　的各種成人角色典範互動，能使上課的效果更好更真實，對於培養學生對於法
　律和政治體系的正面態度，亦有很大的影響力。在課堂之中善用專業人士的參與
　（如：律師、法官、警察、立法者等等），能有效提昇學生對公民應有表現相關
　議題的興趣，使得學生對老師和學校有正面的回應。

■ 校長和其他學校重要高層對公民教育堅決支持。要在校內成功推行公民教育，必
　須得到學校高層的強烈支持，尤其是學校校長。學校高層採支持的態度，有助於
　公民教育的實施，他們可以安排活動讓同儕之間能夠相互激勵、獎勵有傑出表現
　的老師、協助老師對校外人士說明教育計劃的內容和制訂這些計劃的根據，以及
　提供相關人員在職訓練的機會，以取得實踐公民教育計劃所需的知識和技能。此
　外，要成功施行公民教育，老師及其同事對此持正面態度是非常重要的。

前言

　　成功的公民教育方案會引導學生積極參與學習過程，以高度尊重學生作為一個個人的方式來進行。反思、省思和論述，會被重視且有計劃地達成。知識和人格的培養是同時並進的，而在我國的憲政民主體制內，此二者對於培育出負責任的公民同樣重要。我們在規劃時即致力於將上述重要特點納入民主的基礎系列課程中。

民主的基礎系列的課程理念

　　規劃這個民主的基礎系列課程，是基於一項根本假設，亦即教育能讓人更能也更有意願表現出知書達禮、認真負責的行為。因此，教育機構必須扮演協助學生的角色，讓他們更懂得為自己做出明智的選擇，學習如何思考，而非該思考些什麼。在自由的社會中，灌輸式的教育方式並不適合教育機構採用。

　　成立公民教育中心是基於一種信念，亦即以上述觀念為基礎的課程所提供的學習經驗，有助於教化學生，使他們願意理性而全心地投身落實各項原則、程序和價值觀，而這些正是維繫及提昇我們的自由社會所必需。

課程目標

民主的基礎系列課程是設計來：

■ 促進對於我國憲政民主制度及這些制度據以建立的基本原則和價值觀的了解
■ 幫助青少年培養成為有效能而能負責的公民所需的技能
■ 增加對於做決定和處理衝突時，能運用民主程序的認識與意願，不論其是在公或私的生活中

　　藉由研讀民主的基礎系列課程，學生能發展出辨識需要採取社會行動問題的能力。他們會被鼓勵透過具知識性的問題探究，而能接受隨著享受公民權利而來的責任；一個

建基於正義、公平、自由和人權理想的社會是否得以存續，這些責任即係關鍵所在。

課程組織

　　民主的基礎系列課程不同於傳統式教材，焦點並非放在事實、日期、人物和事件。相反地，它是放在對於了解我國憲政民主制度極為重要的觀念、價值和原則。這套課程以四個概念為中心：權威、隱私、責任及正義，這些概念構成了公民價值和思想的共同核心的一部分，是民主公民資質理論與實踐的基礎。這些概念並不連續或彼此互不相連，且有時會相互牴觸。這些概念可以有許多不同的解釋，就像所有真正重要的觀念一樣。

　　老師可以在課堂上講授民主的基礎系列課程全部的內容，也可以選擇與學校或地區一般課程目標和學習成果有關的特定觀念來傳授。教導這些概念毋須按照任何特定順序，然而，假如你選定某一課教授，頂多只能完成該課之目標，而無法達到整個單元或概念的目標。

　　這套課程的四個概念各分成四個單元來探討，每個單元都是在回答一個與相關概念的內容和應用有關的根本問題。以下簡述每個概念的四個單元：

隱私

第一單元：何謂隱私
　　　　　這個單元有助於學生界定何謂隱私，了解隱私的重要性，辨識及描述不同
　　　　　情況中一般被視為隱私的事項，並分辨有隱私和沒有隱私的情況。
第二單元：保有隱私行為不同的原因
　　　　　這個單元有助於學生了解，造成個人隱私行為不同的因素或要素。學生學

到雖然所有文化當中都有隱私這個概念，但無論在單一文化中或不同文化間，個人的隱私行為常有所差異。

第三單元：保有隱私的益處與代價

這個單元幫助學生了解保有隱私會產生某些結果，有些結果是利益，有些則是代價。學生也會學到不同的人對於特定情況下隱私權是否應受到保障，可能有不同的想法。

第四單元：隱私的範圍與限制

這個單元有助於學生明白身為公民必須面對許多重要議題，其中最重要的一些議題與隱私的範圍和限制有關。我們會允許人們在哪些事情上保有隱私？什麼時候隱私必須為了其他的價值而有所犧牲？

第一單元：何謂正義

這個單元有助於學生了解正義相關問題可分成三類：分配正義、匡正正義和程序正義。學生學會如何分辨這三種正義問題，並解釋為什麼辨別這三種正義間的差異是十分重要。

第二單元：分配正義

這個單元有助於學生明白何謂分配正義，或社會中個人和團體之間利益或負擔的分配是否公平。學生了解所謂的利益可能包括工作的薪餉、發言或投票的權利；負擔則可能包括做家庭作業或納稅等責任。學生學到一套能有效處理這類議題的步驟。

第三單元：匡正正義

這個單元讓學生了解何謂匡正正義，或如何公正或適當地針對錯誤和傷害

做出回應。學生學到一套能處理這類議題的有效步驟。

第四單元：程序正義

　　這個單元幫助學生了解何謂程序正義，或用以蒐集資訊及決策的程序是否公平。學生學到一套能有效處理這類議題的步驟。

責任

第一單元：責任的重要

　　這個單元幫助學生了解責任對個人和社會的重要性。學生檢視責任的來源，以及履行和不履行責任可能導致的結果。

第二單元：負責任的益處與代價

　　這個單元讓學生明白履行責任可能會產生某些結果。有些結果是好處，有些則是壞處。學生學到在決定哪些責任比較重要，應該加以履行時，懂得辨別利益和損失是很重要的。

第三單元：如何選擇該負的責任

　　這個單元有助於學生了解我們常面臨相衝突的責任、價值和利益。學生學到一套步驟，可用於理智抉擇哪些責任應該履行，以及哪些價值和利益是應該追求的目標。

第四單元：誰該負責任

　　學生自這個單元學到一套步驟，可用於評估和判斷某項事件或情況應該由誰負責，決定誰應該受到讚揚或責備。

權威

第一單元：何謂權威

學生學習權力和權威間的關係，研究權威的各種來源，並藉由分析缺乏或
濫用權威的情況，來建立對權威面向的認知。然後他們探討可以怎麼睿智
而有效地處理這類情況。

第二單元：評估權威職位的人選及規則和法律

學生學習必要的知識和技能，而能在面臨與規則或俱權威職務者有關的問
題時，做出有根據而合理的決定。

第三單元：運用權威的益處與代價

學生了解每次權威的行使，必定會為個人和社會整體帶來某些益處和代
價。了解權威所產生的利益和損失是必要的，懂得分辨兩者能幫助我們決
定是否要運用權威。

第四單元：權威的範圍與限制

這個單元讓學生懂得如何檢視權威職位，判斷這些職位的設計是否恰當，
也要了解該如何設計權威職位，才能確保權威不會超過原先規定的範圍或
被濫用。

　　民主的基礎系列課程雖然本質上是在講述概念，但實際卻是以學生的日常經驗為
基礎。這套課程的獨特之處，在於幫助學生了解他們的自身經驗與社會和政治大環境
之間的關係。

　　這套課程在設計上可融入歷史、政府制度、其他社會科或包括語言學之一般人文
課程中。

序

　　「民主基礎系列」介紹構成憲政體制政府的四個概念：權威、隱私、責任與正義。讓我們明瞭這些概念，知道這些概念的重要性。

　　要了解政府據以建立的原則，當然並不是只懂得權威、隱私、責任與正義等概念就已經足夠，不過這幾個概念將有助於我們明白憲政民主與不自由社會間的重要差異。

　　我們將會學到民主社會的一些核心價值，我們必須付出一些代價，甚或承擔一些責任。我們也會知道，很多時候我們必須在相衝突的價值及利益之間做出困難的選擇。

　　我們將有機會針對運用權威與保護隱私的情況加以討論，也會有機會根據不同的情況，決定應該如何履行責任和實踐公平正義。

　　我們會學到各種用以評估這些情況的做法和觀念，也就是本書所謂的「思考工具」。有了思考工具，我們在面臨權威、隱私、責任與正義的相關問題時，就能想得更清楚透徹，形成自己的立場，並提出支持自己立場的理由。

　　我們所習得的知識和技能，將有助於我們面對日常生活中，絕大多數的情況。而藉由獨立思考，做出自己的結論，以及為此立場來辯護，我們就能在自由的社會中扮演更有用、更主動的公民角色。

Privacy 認識隱私

目錄 Table Contents

課程簡介

　　同學們，你是否曾經把心裡的秘密訴說給好朋友聽？是否有過因為某些東西很特別，不希望別人去碰觸，所以把它們收藏在盒子裡或是鎖在抽屜裡呢？會不會希望有時候能自己一個人獨處呢？

　　這本書介紹的是「隱私」，同學們將學到隱私的概念，也會明白每個人希望保有隱私的事物都不太一樣，用來保有隱私的行為也不盡相同。

　　隱私對個人以及對整個自由的社會都十分重要，這就是為什麼我們經常會提到要有「隱私權」。不過，保有隱私也必須付出代價，所以有時我們必須學習判斷在特定的情況裡，是不是還有其他的價值與利益，比隱私更加重要。

　　我們該如何決定哪些事物要保持隱私呢？有時要做這樣的決定很容易。舉例而言，大多數人都會同意每個人都有權利依照個人的希望，讓自己的某些想法或感覺保持隱私。

● 從這幾張插圖裡，你能找出哪些隱私的實例？

單元目標

　　「什麼是隱私？」這個問題非常重要。因為，「隱私」會對我們生活的各方面產生影響。大部分的人都想保持很多事物的隱私，不願讓別人知道，因此會採取各種不同的方式，來保有隱私。

　　在這個單元裡，同學們將學到什麼是隱私、哪些是一般人想保有隱私的事物，以及人們通常會採取什麼樣的方式來保有隱私。

LESSON1

▌第一課　隱私的基本概念

本課目標

同學們在這一課將學習三種常見的隱私類型，並檢視在某些情境裡，人們是否能夠保有這些隱私。

上完這一課，同學們應該要能夠說明這三種常見的「隱私」的含意，並能針對每一種類型的隱私舉例說明。

本課新名詞

觀察的隱私　資訊的隱私　行為的隱私

學習重點

什麼是隱私

我們要如何說明「隱私」這個名詞的意思呢？以下這些想法或許可以幫助你。

■ 觀察的隱私：當一個人或一群人不會隨意的被其他人看見時，這個人或這群人就擁有觀察的隱私。

☑ 你和另一個朋友在一個房間裡，房間裡沒有別人，也沒有人看得見或聽得到你們做什或說些什麼，你們就擁有隱私。

● 這張圖是哪一種隱私的實例？

■ **資訊的隱私**：一個人或一群人有一些不想讓別人知道的事情，而別人也無法知道時，他（們）就擁有隱私。

☑ 你和朋友有不想讓別人知道的秘密時，你們之間擁有隱私。

■ **行為的隱私**：當我們能不受別人干擾，做自己想做的事就是保有隱私。

☑ 你和朋友組了一個秘密社團，不讓其他人加入時，你和你的朋友就是擁有隱私。

● 這張圖是哪一種隱私的實例？

解決問題

從以下的故事中找出例子，並說明什麼是隱私

小布是一個很喜歡編故事、畫圖的男孩，他創造了「超級英雄小馬」這個人物。「超級英雄小馬」的故事可以幫助我們思考有關「隱私」的問題喔！以下是這個故事的第一章，同學還會在其他單元中讀到後續的故事。

請同學們分組，一起仔細研究故事內容，再回答《仔細想想》的問題。

超級英雄小馬（一）

超級英雄小馬這次又要大顯身手！他從遙遠的秘密基地，馬上就感應到泰山隊遇上大麻煩了。泰山隊是他最喜歡的棒球隊，大家都看好這支棒球隊可以贏得今年世界盃的冠軍。

超級英雄小馬知道，只有全世界最強壯、最勇敢、最聰明的人，才能解救泰山隊，而那個人就是 —— 他自己。於是，超級英雄小馬像一道勇猛的閃電

般，火速的飛往現場，投入危險的解救任務。小馬飛進高高的雲層中，運用超級眼力，立刻就看到載著泰山隊球員的那架飛機，正顯得搖搖欲墜……。

小馬伸出像鋼鐵般強而有力的雙臂，穩穩地托住正向下墜落的飛機，小心翼翼的領著飛機飛往機場，平安降落。

當泰山隊球員走進球場時，全場球迷歡聲雷動。因為超級英雄小馬出面援救，球賽終於能夠順利開始進行！

但是，小馬並沒有在球場上停留，他很快的就回到自己的藏身處。只有在秘密基地，他才能躲開攝影機與新聞記者的追蹤，靜靜地等待下一次的救援行動。

「喂，小布！你今天起得真早。你又在寫故事、畫畫了嗎？讓我看看。」小布的姊姊莉莉站在一旁盯著小布的電腦螢幕。

「姊姊，這沒什麼好看的。這……算是我的隱私。」小布一面這樣回答，一面伸出手，把電腦螢幕關掉。

● 小布的行為是觀察的隱私、資訊的隱私，還是行為的隱私的實例？為什麼？

　　莉莉高聲說：「隱私？！在我們擁擠的屋子裡？你是在開玩笑吧！而且你藏著那些東西要做什麼？你寫的故事和畫的圖畫有什麼好保密的？」

　　「這不關你的事！我電腦裡的東西是我的，我不想跟別人分享，就連妳，我也不想給妳看。」小布回答

　　莉莉很生氣的大聲回答：「好吧！小布，你想怎樣就怎樣好了，你已經說得非常清楚了！」

　　就在這個時候，他們的母親走進房間：「怎麼了？」

　　「喔，都是小布啦！他不讓人家看他電腦中的內容，好像裡面有什麼最高機密似的！」莉莉很快地回答。

　　「小布有權利保有他的電腦中資訊的隱私，你們應該試著尊重彼此的隱私。莉莉，如果小布說想看妳的日記，妳會有什麼樣的感覺呢？」媽媽說明理由。

　　莉莉覺得有點兒尷尬。媽媽帶著他們兩人走進廚房，爸爸正在廚房裡準備早餐。爸爸很高興的說：「早安！」

　　就在此時，電話聲響起，爸爸說：「我來接，不知道是誰這麼早打來？」

　　小布聽見爸爸對著聽筒說著：「喂！我就是。我得獎了，太好了！是什麼獎？」

　　「你要我的信用卡號碼？為什麼？」爸爸開始露出生氣的表情：「很抱歉，我不會在電話中把這些事情告訴別人，再見！」。

　　「現代人真是沒有隱私了。」小布的爸爸說著掛上聽筒。

● 爸爸的行為是觀察的隱私、資訊的隱私，還是行為的隱私的實例？為什麼？

　　小布的媽媽說：「對了，孩子們，你們的奶奶要過來和我們一起住幾個月，她住的房子要整修。」

　　「我們這間公寓現在這樣住四個人已經太多了，沒想到還要變成五個人。」小布不太高興的出聲抱怨著。

　　媽媽說：「莉莉，奶奶就跟妳一起住在妳的房間。」

　　「媽，奶奶來的時候，都會把房門鎖起來，一個人躲在我的房間裡，把房間弄得到處都是稿紙，我猜她一定假裝自己是個很重要的作家。」莉莉抱怨。

　　小布朝門口走去，邊走邊說：「我得去上學了。我答應過高老師，我會早點到學校幫她畫佈告欄的海報。」

● 奶奶的行為是觀察的隱私、資訊的隱私，
　還是行為的隱私的例子？為什麼？

仔細想想

1. 故事中誰想保有隱私？
2. 他們想保有哪一種隱私？
3. 他們想保有的隱私，是不想讓誰知道？
4. 他們為什麼想保有隱私？
5. 這個故事裡有哪些情況與以下的隱私類型有關，請舉例並加以說明。
   ● 觀察的隱私
   ● 資訊的隱私
   ● 行為的隱私

解決問題

找出有關隱私的問題

請同學閱讀下面的狀況，然後分組討論，並回答《運用所學技巧》的問題。

1 小明和小強共用一間房間，他們兩人各有一張書桌，可以放自己的東西。而且他們約定好除非獲得允許，否則絕對不能去翻對方的抽屜。

2 莎莎最好的朋友美美打電話來，電話鈴響的時候，莎莎先把房門關上，然後才去接電話。她不希望哥哥聽見她們在電話裡談話的內容。

3 媽媽問美琪：「今天在學校還好嗎？」美琪回答：「我今天很生氣，因為班上有個女孩子說她的筆被偷了，她竟然趁下課大家不在教室的時候，搜查了我的書包。」

● 這個人的行為是哪一種隱私的實例？

4 彥彬檢查了一下他昨天穿的那條褲子的口袋，並且從口袋裡拿出小杜寫給他的紙條。媽媽之前提到今天要洗衣服，而媽媽在把衣服放進洗衣機前，總會先檢查每件衣服的口袋。

● 這個人的行為是哪一種隱私的實例？

運用所學技巧

1. 以上的各種情況裡，是誰想保有隱私？
2. 每個人想保有的隱私內容是什麼？
3. 在各種情況裡，這些人想保有的隱私，是不想讓誰知道？
4. 每個人採取什麼樣的行為來試著保有隱私？
5. 你認為哪些情況是「觀察的隱私」、「資訊的隱私」或是「行為的隱私」的實例？
   為什麼？
6. 你的生活中，有哪些「隱私」的實例？

活用所知

1. 請同學找一找並列出你從電視節目中，或在學校裡所看到與隱私有關
   的事例。在這些例子中，大家想保有哪些隱私？他們如何保有這些隱
   私？和全班同學分享你列出來的內容。

2. 請拿一本日記本或筆記簿，專門用來記錄有關隱私的事項。把你心目
   中有關隱私的問題，一一列出來，或把一些與隱私權有關的問題串連
   起來，寫成一篇故事。

MEMO

LESSON2

第二課　保有隱私的內容與方式

本課目標

這一課同學們會學到三種常見的「隱私」類型，並了解如何辨認一些和隱私有關的情況。同學們還會學到通常大家會對哪些事項想保有隱私，以及人們會採取什麼樣的方式來保有這些隱私。

上完這一課，同學們應該能夠說明，哪些是一般人想保持隱私的事項，而人們通常會用什麼方法來保有這些隱私。

本課新名詞

獨處　隱密　保密　排除別人　專利

學習重點1

人們想保有哪些事項的隱私

一般人想保有的隱私，可能包括各種不同的事物，我們稱為「保有隱私的事項」。以下是一些「保有隱私的事項」常見的例子：

■ 溝通內容
　我們通常希望溝通的內容，包括信件、電子郵件或電話等，能夠保持隱私。

☑ 小琪寫信給別的間諜時，一定會用密碼書寫。

■ 有關個人的事物
我們通常希望個人的事情或狀況能夠保持隱私。例如，個人的想法、感覺、信念或看法等。
☑ 小胖不希望別人知道他每個月賺多少錢。

■ 行為或舉動
我們通常希望自己的行為或舉動能夠保有隱私。
☑ 佳明不想讓同事知道，自己在選舉時投票給誰。

■ 交往狀況
我們通常希望保有對自己所交的朋友、經常來往的個人或團體的隱私。
☑ 陳太太不想讓家人知道自己加入了跳傘俱樂部。

■ 空間或範圍
我們通常希望能夠保有某個空間或某個範圍的隱私。
☑ 秀娟不想讓鄰居志強到自己家的院子裡玩。

解決問題

將保有隱私的事項加以分類

　　將同學分組，請各組針對前面所學到的各類保有隱私的事項，每一類舉出三個實例。運用第14頁「各種保有隱私的事項」的表格，請同學從生活經驗中、讀過或聽過的故事中、電視或電影看到的情況中，找出並寫下適當的例子。請小心！千萬不要洩漏了自己或家人可能希望保有隱私的事項！

　　每個小組都列出例子後，請全班同學一起討論、分享成果。

各種保有隱私的事項	
保有隱私的事項	實例
溝通內容	
有關個人的事物	
行為或舉動	
交往狀況	
空間或範圍	

學習重點2

一般人如何保持隱私

　　人們常常會用不同的方式來保有隱私。

■ 獨處：有時候人們可能會選擇獨處，以免別人聽見或看見自己在做什麼。
　☑ 貝貝只在所有的家人都出去的時候才會練習唱歌。

■ 隱密：有時候我們不讓別人接觸到某些想要保有隱私的事項，以便維持秘密。
　☑ 嘉惠不讓任何人看她的日記。
　☑ 安安不想讓別人知道自己朋友的事。

■ 保密：保守機密，也就是說好不把秘密告訴別人。
　☑ 醫生或律師必須對有關病人或客戶的資料加以保密或當作機密。

■ 排除別人：有時候人們可能會把別人排除在外，以免自己被看見或被聽見，來保有隱私。
　☑ 小傑和家人共進午餐時，不想讓別人到他們家或與他們同桌用餐。

　● 這個人想保有什麼樣的隱私？他用了什麼方法來保有這項（些）隱私？

LESSON2

分辨一般人如何保有隱私

請同學閱讀以下「潘博士的好消息」的故事，然後想一想，一般人會採取什麼樣的方式，來保有隱私。

閱讀過這個故事後，請同學分組討論，並回答第18頁「辨認如何保有隱私」的思考工具表中的問題。

潘博士的好消息

健康E公司正在研發一種可以預防常見感冒的新藥，這項研發計畫是個機密。

健康E公司的老闆認為，一定還有其他公司也在進行同樣的計畫。他們都知道第一家研發出這種預防感冒藥片的公司，就可能取得這項藥品的專利，如果健康E公司擁有了這項藥品的專利，其他的公司就不能製造與販賣這項藥品了。

專利

一種政府文件，用來保護個人的發明或發現，避免其他人在沒有得到發明人的許可就模仿利用。

健康E公司花了很多經費來研發這項藥物，為了保密，公司裡甚至只有少數幾個人知道這項計畫，這些人必須承諾絕對不會把這項計畫透露給任何人。

● 管制其他人員進入實驗室，如何有助於健康E公司保有資訊上的隱私？

健康E公司的實驗室外面有名警衛負責站

崗，只准許負責這項計畫的人進入實驗室，而且相關的研究人員還必須出示特殊的通行證，才能進入實驗室。

健康E公司裡還有一些人，因為其他的理由而需要保有隱私。例如，負責這項研究計畫的潘博士喜歡把自己鎖在辦公室裡，以便讓自己能好好地思考一些事情。潘博士常說他一個人獨處時，可以幫助自己更清晰的思考。潘博士還保有了很多有關這項計畫的資訊，但是他沒有跟任何人提過。

有一天，潘博士的研究有了新突破，他連忙告訴他的朋友羅博士。

「我找到那種特殊的配方了！只要每天吃一顆這種藥丸，就能讓人免除感冒！」潘博士大聲說著。

羅博士回答：「讓我們跟大家一起分享這個好消息吧！」

潘博士表示：「不行！就現階段而言，我希望你能保密。因為我還想做更多的測試，以確保這種藥片能夠發揮完美的效果。假如我們先告訴了其他人，但這個藥品卻沒有發揮功效；或者，更糟糕的是，吃了卻反而讓人生病，那豈不是很尷尬。」

● 這位研究人員可以採取什麼樣的行為，來保有公司資訊的隱私？

辨認如何保有隱私的思考工具表		
	E公司	潘博士
1. 誰想要隱私？		
2. 這個人想保有隱私的事項是什麼？		
3. 這個人想保有的隱私，是不想讓誰知道？		
4. 這個人採取什麼樣的行為或方法來保有隱私？		

運用所學技巧

1. 檢視你在第18頁「辨認如何保有隱私」的思考工具表中的第四個問題的答案。其中有哪些是與以下有關的實例：
   - 獨處
   - 秘密
   - 保密
   - 排除別人
2. 還有哪些其他的例子，可以說明一家公司或一國政府可能想要保有隱私的事項？

活用所知

1. 試著畫一幅畫，或者做一張拼貼作品，來說明人們常用來保有隱私的不同方式。

2. 把你想保有隱私的事項列成一張表，然後訪問一個大人，請對方談談他有哪些想保持隱私的事項，以及他會用哪些方式來保持隱私。把你自己列出來的表格，和受訪對象的訪談內容比一比，這兩張表有哪些相似的地方？又有哪些不同之處？

UNIT 2

第二單元：保有隱私行為不同的原因

●以上插圖裡的這幾個人，想保有什麼樣的隱私？他們可以採取什麼樣的行為，來保持隱私？

單元目標

　　無論在哪一個國家或地區，大部分人都會有一些想保有隱私的事情。不過，一般人想保有隱私的事項，以及用來保有隱私的方式，可能會不太一樣。

　　在這個單元裡，我們將帶同學們看看人們常用哪些不同的方式來保有隱私，並討論造成這類差異的原因。

▌第三課　人們保有隱私行為的差異

本課目標

在這一課，同學將學到不同的人可能會採用不同的方法來保有隱私。同學們會看到幾種不同的狀況，在這些狀況裡，每個人針對隱私表現出來的行為都不太一樣。接著，我們將討論可能是什麼樣的原因造成這些差異。

上完這一課同學們應該能夠說明，通常人們為了保有隱私所採取的行為可能會有哪些差異，以及造成這些差異的原因。

本課新名詞　　個別差異

找出人們想保有隱私的原因

還記得小布和他寫的「超級英雄小馬」的故事嗎？他的奶奶正準備搬來和他們全家一起住。請閱讀「超級英雄小馬（二）」的故事，然後和同組的同學一起詳細討論故事的內容，並回答後面的問題。

超級英雄小馬（二）

　　超級英雄小馬在成功完成救援泰山隊的任務後，就回到了他的秘密基地安靜地休息。忽然間，一陣驚人的聲響打斷了超級英雄小馬的沉睡，就連秘密基地的牆壁都因為這個聲音而震動了起來，如同發生地震一般。小馬知道，只有一個怪物能夠發出這種聲音，那就是可怕的「打鼾怪」！

　　「打鼾怪」不是壞人。事實上，她有一顆美好而高貴的心，是位善良而慷慨的老奶奶，可是她的打鼾聲之大，讓超級英雄小馬渾身上下的每一根神經都緊繃了起來。

　　超級英雄小馬也有一顆美好而高貴的心，他狠不下心來叫溫柔的打鼾怪離開，因為打鼾怪沒有別的地方可以去。不過連續幾天下來，小馬的耳邊盡是打鼾聲、打鼾聲和打鼾聲。他實在是受不了了，在別無選擇的情況下，只能收拾起行李，先離開了自己的秘密基地。幾分鐘後，小馬找到一間廢棄的小茅屋。「唉！我終於可以擁有寧靜、安詳和隱私了。」他自言自語說著。

　　就在這個時候，莉莉敲了敲浴室的門。「小布，你在裡面嗎？」她的聲音聽來很不耐煩。

　　不等小布回答，莉莉就直接闖了進來。「你瘋了嗎？竟然坐在浴缸裡畫著你那些愚蠢的圖畫？」

　　其實，那天早上小布心情很不好，所以他生氣的回嘴：「莉莉，妳聽好，這裡應該是個可以讓人保有隱私的地方。」

　　莉莉提醒小布：「你是在浴室裡，浴室是全家人都必須使用的空間。」她建議小布還是去用自己電腦來作畫。

● 小布採取什麼樣的行為，讓自己的圖畫保有隱私？

● 小布的家人想保有什麼樣的隱私？他們採取哪些不同的行為，來保有自己的隱私？

「我在那裡一直聽到奶奶打鼾的聲音，那聲音透過妳房間那片牆，不斷傳過來。」小布說

這時，全家人都被驚擾了。他們一個接一個走進浴室，又一個接著一個走出去。

「在浴室這個地方作畫的確是很奇怪。」小布的爸爸說。

「我的老天！為什麼這麼多人在浴室進進出出！」奶奶說。

「哼！我要離開這裡了。又一個好點子就此陣亡！我只是需要一點時間獨處，讓我可以好好想一想，好好畫一畫。這種要求應該不過分吧！」小布說。

小布穿好衣服，走到屋外，口中還喃喃自語：「這算什麼嘛！每次莉莉跟朋友講話的時候，都喜歡一個人獨處，她都說她們談些什麼，不關我的事！莉莉甚至還會跟自己的泰迪熊說悄悄話，把秘密都告訴泰迪熊。」

小布走到了公園。他一邊走一邊繼續說著:「有些時候,爸爸和媽媽也會自己出去吃晚飯。爸媽說他們需要一點時間相處,不受其他家人的打擾。」

不久,小布來到公園附近的橡樹叢旁。

「等等!我知道超級英雄小馬在秘密基地碰到打鼾怪的鼾聲攻擊時該怎麼做了!我要讓他逃到一間小茅屋去,讓他可以一個人獨處。從現在開始,只要我想一個人私下畫畫的時候,我就到這裡來,就算公園裡到處都是人,也不會有人想到跑進這個橡樹叢裡來。」

小布臉上開始露出微笑:「從現在起,我就把這個地方稱為『橡樹叢藏身處』吧!這地方只有我一個人知道。」

● 小布採取什麼樣的行為,讓自己在畫圖時保有隱私?

仔細想想

1. 小布希望保有哪些事情的隱私?他為什麼想保有這些事的隱私?
2. 小布採取什麼樣的行為來保有這些隱私?
3. 小布的家人想試著保有哪些事情的隱私?為什麼?
4. 小布家裡的其他人採取什麼樣的行為來保有自己的隱私?
5. 有哪些原因可以用來說明小布和他的家人對隱私採取不同的態度?

為什麼人們保護隱私的行為各有不同

　　不同的人對自己想保有隱私的事項，可能會有不同的想法，用來維護隱私的方式可能也有所不同。我們要如何說明這些差異呢？

　　影響每個人對隱私的想法與所採取的行為有很多不同的原因。或許同學們在討論當時，已經找出其中某些原因了。同學們討論出來的原因，有沒有包含以下任何的想法？

■ 家庭：一個人成長時的經驗，可能會影響個人對隱私的感受，以及用來維護隱私的行為。

　　例如：小傑和四個兄弟姊妹一起住在一間小公寓裡，很少有獨處的機會。他的父母教導孩子，尊重他人的隱私是很重要的事。

■ 職業或興趣：一個人的工作或嗜好可能會需要隱私來配合。

　　例如：小傑是個好學生，他專心做功課時不能有人來打擾，如果姊姊在旁邊看著他，他就覺得礙手礙腳。

■ **保有隱私的機會**：一個人會採用什麼樣的方式來維護隱私，可能要看有什麼樣的機會可以讓他保有隱私。

　　例如：小傑在家裡時，沒什麼機會保有隱私，在他家的附近有一片沙灘，當他需要
　　　　　獨處的時候，就會到那裡去。

■ **對隱私的重視程度**：有些人認為隱私很重要，有些人則認為還有其他的事情比隱私更重要。不同國家的人對隱私的重視程度也有差異。

　　例1：有些國家的人認為，小孩子從出生起就應該有自己的房間。如果小傑在這樣
　　　　　的文化環境中成長，就會有自己的房間。而有些國家的文化，在孩子到達某
　　　　　個年紀前都和父母親睡在一起。假如小傑生長在這樣的文化裡，他和兄弟姊
　　　　　妹就會和父母睡在一起。

　　例2：在美國，警察必須有特別的理由，向法官提出申請並得到法官的許可，才能
　　　　　監聽民眾在電話裡談話的內容。但在有些國家，警察可以隨心所欲，任意聽
　　　　　取人們在電話中的對話內容。

■ **人與人之間的個別差異**：即使是同一家人，對隱私的感覺或行為也不一樣。

　　例如：小傑覺得只要有家人在一旁看他，他就什麼事也做不了。他的姊姊小琪和小
　　　　　琳倒是很喜歡有許多人在旁邊觀看，只要能夠邊做邊聊，她們就會覺得心情
　　　　　開朗，工作效果也比較好。

　　● 為什麼小傑和姊姊對隱私所採取的行為不同？

LESSON3

解決問題

為什麼下列情況中的人們會採取不同的行為來保有自己的隱私

請大家閱讀下列情況，想一想為什麼這些人會有這種感覺、會採取這種行動的原因。請同學分組，運用前面所學有關隱私的看法與感受不同的觀念，回答《運用所學技巧》的問題。

1 玉玲和爸爸、媽媽、三個姊姊一起住在一間大房子裡，她們每個姊妹都有自己的房間。玉玲很喜歡自己一個人獨處，靜靜地看書，每次她想獨處的時候，就會回到自己的房間把門關上，她知道這樣就不會有人來打擾她。

● 哪些原因可以說明士強保有隱私的行為？

2 士強的電腦安裝了視訊通話設備，有些人和士強聯絡時，不但能和士強通話，還可以看見士強本人。有時，士強不想讓人看見他或看見他的房間，他就會把螢幕開關關上。

3 明彥住在山上，他不喜歡受人打擾，可以一個人在山裡待上好幾個星期，完全不和別人接觸。他的哥哥申彥正好相反，申彥從來沒有離開過城市，他喜歡置身於人群之間，人群總會令他感到很興奮。

4 珍妮是個律師，假如法官要她提供一些當事人希望保密的資訊，她會基於保守客戶秘密的立場，拒絕回答。

● 說明哪些原因可以說明珍妮維護隱私的行為？

運用所學技巧

1. 以上每個例子裡的人物，各想保有什麼樣的隱私？
2. 他們各採取什麼行為來保有隱私？
3. 請試著說明這個人為什麼會採取這樣的行為來保有隱私？
4. 請試著說說看他們在行為上的差異？

活用所知

1. 畫一幅房子的室內設計圖，然後向全班同學說明，住在這樣的房子裡，對個人隱私可能會有什麼樣的影響。

2. 撰寫一篇在未來世界中關於隱私的故事。說明生活在那個社會裡的人，想保有什麼樣的隱私，他們又試著以什麼樣的方式來保有自己的隱私。請把自己的作品和全班同學一起分享。

LESSON4

第四課　文化對隱私的影響

本課目標

在這一課，同學們將看到日本、阿爾巴尼亞，還有加拿大北極圈等三種不同文化的差異，以及這三種文化裡有關隱私的狀況。

上完這一課，大家應該要能舉出一些實例，說明來自不同文化的人，對隱私的感受與行為也會不同，並且能說明這些看法與作法和你自己的看法與作法，有哪些不同之處。

本課新名詞

文化　羅姆人　伊努伊特人　巫師　獨處 (閉關、隱居)

學習重點

有關隱私的文化觀點

全世界各種文化裡都有保護隱私的部分。每個人對自己想保有隱私的事項可能有不同的看法，用來保有隱私的方式可能也不盡相同。

> **文化**
> 人類在歷史發展過程中創造的整體成果，包括習俗、信仰、法律、道德、藝術，以及生活方式各方面等。

在各個文化之間，人們對隱私的感受，以及用來保有隱私的方式，可能都不太一樣。比較不同文化的人們對保有隱私所採取的行為，有哪些相同的地方，哪些不同的地方，是件有趣的事。此外，試著了解為什麼不同文化的人，對隱私會有不同的感覺，或者會採取哪些方式來保有隱私，也很有意思。

説明故事裡大家對保有隱私所採取的行為，有哪些相似及差異之處

以下的三篇短文，包含了幾個不同文化中有關隱私的故事。將班上同學分組、閱讀故事內容，然後完成第37頁「分辨如何保有隱私」的思考工具表，並與小組成員分享和回答《運用所學技巧》的問題。

在日本的傳統觀念中，並沒有所謂「私人空間」的想法，這是因為現代東西方習俗逐漸融合，才開始出現的新觀念。日文中「隱私」這個詞，其實就是英文直接轉來的，只不過以日文方式來發音。

東京之旅

我的名字叫廣田，今年十二歲，有個雙胞胎弟弟叫龍二，我們兩人和爸爸媽媽一起住在東京的一間公寓裡，家裡有三個房間。

三個房間中最大的一間，白天用來招待客人，到了晚上爸爸媽媽在地板上鋪上墊被，就變成他們的臥室，而我們兄弟則有自己的房間。

我和弟弟每天都自己走路上下學，因為派出所就在附近，我們覺得很安全。

● 在我們的文化中，對警察和隱私的感受，跟日本人有什麼不同？有什麼相似之處？

　　派出所是小型的警察局,每次會有一、兩位員警值勤。一間派出所大約要負責維護三百戶民眾和企業的安全。所有的警察都認識我們,如果我們沒有準時回家,警察就會通知我們仍在工作的爸爸或媽媽。

　　派出所的員警每天都會花上好幾個小時,走訪管區內的民眾與企業,和他們聊聊天。每一年大約有兩次,他們會挨家挨戶去拜訪附近的每戶人家,以及每一間企業。

　　這些警察還會不定期的到家裡來探訪、喝茶。在拜訪的過程中,他們會記下每個家庭成員與訪客的相關細節。雖然法律上並沒有規定我們一定要回答警察的問題,但是幾乎每個人都會儘量配合。

　　每間派出所的員警對自己管區內的狀況都很了解,他們會把獨居的老人、有犯罪紀錄的人,以及有精神疾病的人等相關資訊,都記下來。就連上晚班的人,派出所也會登記。如此一來,萬一要找出犯罪事件的目擊者,就有明確的對象。

　　有時候,有些鄰居會告訴警察某個人的生活型態忽然轉變。例如,突然開起新車,或者以前沒有電視和電腦,現在卻忽然有了。如果警察覺得有必要,就會把這些資訊寫成報告,呈報給上級的警察局,讓資深警官決定要不要派偵查人員來進行秘密的調查行動。

　　我們的家人和朋友都覺得有警察在身旁，讓人感覺很安心。我們會喪失一部分的隱私，可是內心會感覺很平靜。

　　這類的警政措施在比較老舊的市區，或者在鄉間地區，效果都十分良好。像我們有些朋友住在距離三條街道外的新社區大樓裡，警方指出，住在這種新社區大樓裡的人比較不容易和警察合作，他們較難組成社區內預防犯罪的組織，而且也比較重視個人隱私。我和哥哥認為，這是因為他們彼此住得很近的關係。

　　以下是有關東歐吉普賽人的故事。故事中的主角住在阿爾巴尼亞，吉普賽人稱自己為「羅姆人」，他們使用的語言就叫「羅姆語」。

吉普賽人
十四、十五世紀時，從印度到歐洲的流浪民族當中的一支，現在居住在全球各地區。

阿爾巴尼亞之旅

● 在我們的文化中，對想要獨處的人的看法和「羅姆人」有何不同？他們的感覺又有什麼相似之處？

　　我的名字叫雷娜，是羅姆人[1]。我和家人一起住在阿爾巴尼亞一個小小的村莊裡。去年夏天，有位訪客瑪格麗特從美國來我們家玩，還不到一天的時間，全村的人就都知道她住在我們家了。

　　瑪格麗特不能一個人出門，一方面因為她是女性，另一方面則是因為她是客人。有時，她會試著想一個人偷偷溜出去散步，我哥哥尼克，或者是其他的人，就會很快的出現在她身邊。

　　即使是在屋子裡，我們也不讓瑪格麗特一個人獨處。我們家的人不需要隱私或寧靜，旁邊的人越多，聲音越吵，我們就越高興，這就是我們的生活方式。

　　我們相信，如果有人想要獨處，一定是有問題。

　　當然啦，早晨的時間是個例外。每天早晨，所有的女生都會有一段時間，完全不理男生，男生也不理女生。男人在早上梳洗完畢之前，沒有人會去跟他講話。因為在某個人還沒準備好要露臉的時候，大家都必須假裝沒看見他。這其實很容易，就好像我們之間有一道無形的牆。

　　布蘭可是我們家族裡年紀最大的一位。他一直在存錢，想要為自己和太太買一間公寓。他存的那筆錢是個秘密，雖然每個人都知道這件事，可是沒有人會刻意去談論它。

　　有天晚上，廚房傳出了一陣聲響，當時屋內很暗，不過我還是試著去看看發生了什麼事。我看見布蘭可在廚房裡從架上拿起一個又一個的鍋子，一直到拿出最後一個鍋子的時候，他忽然變得很安靜。

　　布蘭可先是把那個鍋子放在椅子上，然後掀開鍋蓋，把手伸進鍋裡，拿出一捆捆的東西。原來，那就是他要用來買房子的錢，每一捆錢都用細繩子綁得整整齊齊的，他把六捆錢放進一個洗衣袋裡，接著拿起那袋錢便從前門溜了出去。

註[1]：羅姆人(Roma)與跟他們有密切關係的辛提人合稱「吉普賽人」。但「吉普賽」一詞源於歐洲人對羅姆人起源的誤解，當時歐洲人認為羅姆人來自埃及，而「吉普賽」是「埃及」（Egypt）的音變。大多數羅姆人認為「吉普賽人」這個名稱有歧視意義，所以並不使用。他們曾自稱是羅馬帝國的後裔，所以叫羅姆人。

那天晚上布蘭可回來時，已經帶著新買的公寓的所有權狀，我們整個家族和所有的朋友，一起為他們辦了一個充滿音樂和舞蹈的慶祝宴會。

故事三

以下是丹麥探險家拉斯木森所蒐集的故事。他在西元1923~1924年期間，橫越了加拿大的北極圈，到那裡研究伊努伊特人（北美洲的愛斯基摩人）的生活，希望能多了解北極地區的文化。

加拿大大西北地區之旅

（改編自拉斯木森《對愛斯基摩人的文化觀察》，第52-54頁）

我的名字叫做依格加局克，是個巫師，我的叔叔是我的導師。當我準備要成為巫師的時候，叔叔用他的雪橇拖載我遠離族人紮營的地區，直到遙遠的另一端。當時是冬天，一彎新月高掛在天空，而我必須等到下一輪新月再度出現時，才會有人來帶我回家。

叔叔蓋了一間小雪屋，屋子的大小剛好足夠讓我一人擠進裡面靜坐，我就這樣在雪屋裡閉關靜坐了五天後，叔叔才拿水來給我喝。

然後，又過了十五天，叔叔才再度出現，他只把水拿給我，馬上就走了，即使是老一輩的巫師，也不能打斷我的獨處。

叔叔先前就曾告訴我，當我待在小屋的這段時間裡，腦海裡只要想著一件事，也就是我唯一應該有的願望——成為巫師。在小屋待了將近三十天的時候，有一位神靈出現在我身邊，那是個美麗而可愛的神靈，她的出現表示我將擁有力量，成為真正的巫師。

伊努伊特人
（美洲的愛斯基摩人）

一群住在加拿大北部、格陵蘭、阿拉斯加，以及西伯利亞東部的人。

巫師

精神上的領袖，被認為能夠治癒疾病，以及預知未來。

獨處

單獨一個人，有隱居、閉關之意。

● 你對隱私的需求和這個故事中的巫師，有何相似之處，又有什麼不同之處？

　　當新月的大小又變得和我們離開族人那天一模一樣時，叔叔再度出現，這次他用小雪橇拖我回家。

　　接下來整整一年的時間，我得用自己專屬的小鍋子和餐具，吃著專屬於我的肉食料理，沒有人可以吃專門為我煮的食物。當我再度恢復正常生活的時候，我了解自己已經成為村裡的巫師。

　　我的鄰居或是其他村子裡的人，會找我去幫人治病，或者在他們出門前先指引他們該走的路徑。

　　碰上這種情況時，我就會離開自己的屋子，遠離有人居住的地方，到外面一個人獨處。假如有些難題需要解決，我獨處的時間可能會長達三天兩夜。我可以打打瞌睡，在夢中尋找我想探索的目標。

　　每天早上，我會先回家說明我的探索進展，一說完我就馬上回到可以一個人獨處的地方。

　　我們堅信，真正的智慧只有在遠離人群的地方、獨處的時候才找得到；智慧不存在玩樂中，而是在痛苦裡。獨處和受苦可以打開人類的心靈，而身為一位巫師，必須在這當中尋找智慧。

分辨如何保有隱私			
	日本之旅	阿爾巴尼亞之旅	加拿大大西北地區之旅
1.誰想要隱私？			
2. 這個人想保有什麼事情的隱私？			
3. 這個人想保有的隱私，是不想讓誰知道？			
4. 這個人採取什麼樣的行為來保有隱私？			

運用所學技巧

1. 請同學說說看故事中的人物對隱私有什麼樣的感覺？他們採取了什麼樣的方式？他們為什麼會對隱私採取這樣的行為呢？

2. 故事中有關隱私的看法、感受與行動，和同學自己對隱私的看法、感受與行動是否一樣？說說看有哪些相似的地方？有哪些不同的地方？

活用所知

1. 請同學擔任研究員，請教祖父母（或是和他們年齡相近的人）、父母或監護人，以及兄弟姊妹或朋友，他們對隱私有什麼樣的感受，他們會用什麼方法來保護隱私。他們的看法與感覺，和故事中的人物是否相似？向全班同學報告你的研究結果。

2. 找一個朋友和你一起把對隱私的看法寫成一首詩或一首歌。

MEMO

UNIT 3

● 這些圖案中的隱私，各有什麼樣的益處與代價？

單元目標

現在同學們應該了解隱私的意義，以及人們通常會採取什麼樣的方式來保有隱私，也已經知道為什麼有些人想保有隱私的時候，所採取的想法和做法會和別人不同。

同學們在這個單元將進一步學到：保有隱私在某些方面對我們有幫助，但是保有隱私也會帶來一些缺失。我們把保有隱私帶來的幫助稱為保有隱私的益處，保有隱私造成的缺失則稱為保有隱私的代價。

在某些特定情況中，要決定保有隱私的益處或代價何者較為重要，是非常不容易的事。而每個人在作決定的時候，對於以上兩者哪一個比較重要，往往也會有不同的想法。在針對有關隱私的問題作決定時，我們希望保有隱私的益處能夠勝過代價，因此必須仔細衡量，我們的決定會對自己，以及和我們一起生活或工作的人，產生什麼樣的影響。

在這個單元裡，同學們要學習分別從自己和其他人的角度，來思考保有隱私的益處與代價的問題。我們會學到用來「權衡保有隱私的益處與代價」的思考工具，幫助我們作決定。

LESSON5

▌第五課 保有隱私的益處與代價

本課目標

在這一課，同學們將學習認識保護隱私的時候，可能會發生的一些事情，這些事情就叫做保有隱私的結果。這些結果可以區分為益處或代價（也就是好處或壞處）。同學們將學到某些保有隱私共通的益處與代價。

上完這一課，同學們應該能清楚的認識保有隱私的某些結果，並能將這些結果區分為益處或代價，同時也應該能了解一些保有隱私共通的益處與代價。

本課新名詞

益處　代價

學習重點1

保有隱私可能產生哪些結果

如果一個人決定保有隱私時，會產生什麼狀況？如果我們決定一個人獨處，或保守一個秘密，一定會產生某些結果，或者有某些事情會因此發生。

保有隱私所產生的結果，有些可能是益處（也可以說是好處），也就是發生好的事情。

☑ 擁有隱私的時候，可以隨心所欲，愛怎麼想就怎麼想，要做

> **益處**
>
> 指有利益的事情或好處，可以滿足某種需要或欲望。

什麼就做什麼。

☑ 如果你可以把秘密告訴某個人，而且相信他一定會保密，你就會很有安全感。因為你知道這個人不會把你想保密的事情洩露出去，讓你感到難堪。

在這種情況下，保有隱私可能有哪些益處或好處？

從另一方面來說，有時為了保有隱私，我們必須付出某些代價，可能是對自己或別人帶來不方便，或是可能必須放棄某些事物。

☑ 擁有隱私的時候，可能會有寂寞的感覺。

☑ 和別人保持距離的時候，可能就無法了解現在正在發生的事情。

☑ 有時為了保有一個秘密，可能會傷害到別人，甚至可能會傷害到自己。

☑ 如果你把回家功課當成秘密，那麼就沒有人可以幫助你把作業做得更好。

代價

為得到某個東西或達成某項事務，而遭致損失或不利的結果。

因此，當我們考慮是不是要保有某種隱私時，應該先想想這個決定會產生的結果。

找出保有隱私可能會產生哪些結果

還記得「超級英雄小馬」的故事嗎？上次的故事我們發現小布的家人採用不同的方式來保有他們的隱私。在這一課裡，我們會看到一些為了保有隱私而發生的結果。

請閱讀「超級英雄小馬（三）」的故事，然後和同組的同學一起詳細討論故事的內容，並回答後面的問題。

LESSON5

超級英雄小馬（三）

超級英雄小馬在新的秘密基地致力研究新發明，沒有人會到這裡來打擾他。不過，這部用來製造閃電和雨水的機器研發得並不順利。

忽然，一位意外的訪客打斷了小馬的工作，原來是力量女神寶拉。她在小馬研發的新機器上面動來動去，讓小馬十分害怕。寶拉把手伸進機器的開口，加了一些特殊的燃料，又重新調整了幾條電線，就在一瞬間，天空中突然佈滿閃電，大雨從雲層裡傾盆而下。

小馬高興極了，他知道如果沒有寶拉的幫助，光靠他自己是絕對造不出大雨的。因此，小馬學到了其實別人可以幫助他造福世界。

小布完成了超級英雄小馬和力量女神寶拉一起同心協力的圖畫。

小布自言自語：「要畫完這一段可真不簡單啊！真奇怪，平常的我總是有用不完的點子，可是一個人待在這裡這麼久的時間，卻讓我很難想出新的花樣。不過，在橡樹叢裡畫畫至少比在澡盆裡畫畫舒服吧！」

「小布，你說得沒錯！」小布吃了一驚。原來，不知道什麼時候，奶奶已經來到他身邊。

「奶奶，妳到這裡做什麼？」小布問。

奶奶回答：「喔！我常到這裡來，大部分都是在星期一到星期五的時候。我

在這裡寫故事，有些故事是我這一生的回憶。我一個人待在這裡的時候，比較容易想起一些事，昨天我才剛寫了一個故事的開頭，我想讓你看看。」

　　我曾經認識一個小男孩，他花很多的時間獨處，他很喜歡保有自己的隱私。這個小男孩心靈深處有豐富的靈感，可以讓他畫出很多美麗的圖畫。不過，他從來不把他的畫給別人看，他害怕把內心深處的感覺展示給全世界知道。

　　隨著時間流逝，小男孩孤獨地長大，他的畫開始變得悲傷與寂靜。

　　「奶奶，妳這個故事說的是我嘛！妳怎麼知道我的感覺？」小布問。

　　「因為每個人偶爾都會有這種感覺。擁有隱私是件好事，這讓我們有創造的機會，可是過多的隱私，反而會讓我們變得孤獨，有時我們需要別人給我們一些靈感，讓我們的想法能夠成長發展。」奶奶說。

● 小布保有隱私的時候，發生了什麼事？
　其中哪些是益處？又有哪些是代價？

仔細想想

1. 這個故事中的人物想保有什麼樣的隱私？
2. 他們保有隱私以後，發生了哪些結果或事情？
3. 哪些結果是益處？為什麼？
4. 哪些結果是代價？為什麼？

學習重點2

保有隱私常見的益處與代價

　　同學們已經學到保有隱私會發生某些結果，也了解這些結果有些是益處，有些則是我們要付出的代價，下面是保有隱私常見的益處與代價：

常見的益處

■ **自由：擁有隱私讓我們可以自由自在地思考與行動。當我們保有隱私的時候，就不必擔心別人對我們的想法與行動會有什麼樣的看法。假如一個國家沒有保護人民的隱私，人們就幾乎沒有自由。**

　　例1：元慶喜歡關上房門，假裝自己是個搖滾歌星，他擺出彈吉他的樣子，一邊唱著自己最喜愛的歌曲，而不必擔心別人對他這樣的行為會有什麼樣的看法。

　　例2：元慶的爸爸媽媽和他們的朋友相聚在一起時，可以自由的討論對政府的看法。他們在家裡保有隱私的時候，會談論政府應如何改善。

■ **創造力：隱私可以讓我們工作的時候不被他人打擾，也不會有人在背後偷窺。這樣有助於我們盡情發揮創造力。**

　　例如：雅琪覺得自己在畫畫時，如果完全沒有人來打擾，她就能聚精會神、發揮自己的想法。當她一個人獨處的時候，她覺得自己能夠輕鬆自在的畫畫，來表達自己的感受。

● 保有隱私如何有助於一個人發揮其創意？

● 隱私如何協助建立朋友之間的信賴感？

■ **安全與信賴：保有隱私可以給我們安全感，如果別人尊重我們的隱私，我們會感覺很安全。當我們知道沒有人會任意轉述我們個人的意見而令我們尷尬時，我們就能誠實面對自己的感受與想法。**

　　例如：小強知道可以和好朋友小明分享所有的事情，只要是他們倆的討論內容，小明都會保守秘密不會透露出去。小強覺得和小明分享自己的想法很安全，即使他對有些事情的想法和別人不同，也沒關係。

■ **保護自己的想法**：保有隱私可以讓我們的想法保密。有時，發明或創造出新事物的人，不見得想要和別人分享自己的想法。保有隱私讓他們能夠保護自己發明或創造的內容。

　例如：玉玫發明了一種讓電腦運作速度更快的新方法，不過，她將這些想法暫時保密。因為，她正在寫一本有關於這方面的書，在這本書出版之前，她不想和別人分享自己的創意。

常見的代價

■ **失去新想法**：當我們和其他人在一起時，有時可以激發出新的想法，或學習不同的做事技巧。過度的強調隱私，有可能會讓一個人失去創造力。

　例1：小麗的老師要班上同學列出生活中有關隱私的實例，小麗自己一個人絞盡腦汁只想到兩個例子，但是當她和其他同學一起討論時，大家卻能一起想出十五個全新的例子。

　例2：小麗喜歡獨自一個人寫作業，她知道一種可以寫出正確的句子的方式。有一天，當小麗和小琪一起做功課時，她才發現小琪會用好幾種很有創意的方式，來表達同一件事情。

■ **寂寞**：擁有太多隱私可能會帶來寂寞的感覺，也可能因此不容易學習如何與別人相處。

　例1：小新居住在一個大城市，他喜歡一個人待在家裡，不和別人來往。不過，有時候他會感覺一個人的世界好像孤伶伶的。

　例2：傑中決定加入童軍團，他想在童軍團裡交到一些新朋友。但是，他卻和團中其他的成員吵了起來，因為他還沒有學會如何和別人分享自己的想法，或者如何對別人的意見讓步。

●傑中想要保有隱私的時候，必須付出哪些代價？

■ **不當的行為**：保護隱私可能會讓人們無法及時發現違法或違規的行為。

　例如：剛開學時，小芬偷拿了娜娜的MP3，藏在抽屜的最下面。到了學期末，每個人都得把抽屜裡的東西整理乾淨時，老師才發現娜娜的MP3。老師叫小芬把MP3還給娜娜，然後把小芬帶到訓導處。

■ **無法糾正錯誤**：有時過度的保護隱私，反而沒辦法糾正一個人錯誤的想法，或是修正錯誤的個人紀錄。

　例1：浩正堅持要獨自一人做數學題目，他一直解不開那些難題，因為他一再犯下同樣的錯誤。

例2：浩正申請加入一個特殊課程卻遭到拒絕，他覺得自己的學校成績一定有錯，可是學校不讓浩正或是浩正的父母去查閱那些紀錄。

■ 憤恨與厭惡感：保持個人隱私可能會使其他人產生不悅、憤恨或厭惡的感覺。假使有人被排除在外，不能進入某個地方或無法加入某個團體，他就可能產生這種感覺。

例如：小美、小玉和小芬三個人是好朋友，常常在一起講悄悄話，分享各種秘密。她們在上課的時候也會傳紙條，而且不讓別人加入她們的小圈圈。所以，班上的其他同學都不喜歡她們三個人。

● 把其他人排除在外，不讓別人加入他們的小團體時，會有哪些益處和代價呢？

解決問題

分辨下列情況中，保有隱私的益處與代價

請同學仔細閱讀下列每個例子，分組並回答《運用所學技巧》的問題。

1 老師把班上每位同學的成績都登記在一本成績簿裡，而且不准學生翻閱這本成績簿。

2 小美告訴她的好朋友小春一個秘密，小春答應小美不會把這項秘密告訴別人。

3 小純獲准參加長達三週的「快樂日營隊」，這個營區有個游泳池，游泳池邊還有跳板。小純很會游泳，但是卻不敢跳水。可是她不想讓營隊裡的其他同學知道這件事，於是營隊的老師答應私下再教小純跳水。

● 醫師對病患的就醫資訊保密，保有這些隱私有什麼益處？必須付出什麼代價？

4 有些法律或規則規定人們有權利把某些資訊當作是隱私而加以保護。例如，醫師和醫院在未獲病人允許的情況下，不能把病人的就醫紀錄告訴別人。

運用所學技巧

1. 以上的每個例子，保有隱私會帶來什麼樣的結果？
2. 哪些結果是益處？
3. 哪些結果是代價？
4. 你有沒有碰到類似以上保有隱私的益處與代價的經驗？請注意：不要用自己或別人希望保持隱私的事情來舉例。

活用所知

1. 訪問一位律師、法官或執法人員，請教他們對保有隱私的益處與代價的想法。事先把要問的問題列出來。

2. 針對某個人保有隱私所經歷的益處或所付出的代價，寫成一篇故事或一個劇本。然後和班上其他同學分享和比較彼此的成果。

3. 針對某項社區活動，例如音樂會、街頭派對或清潔日活動等等，寫一篇新聞稿，把這個活動對人們隱私產生影響的益處與代價條列出來。

LESSON6

▌第六課　權衡保有隱私的益處與代價（一）

本課目標

　　保有隱私會帶來益處，也必須付出代價。因此，我們必須常常評估所得到的益處是否比所付出的代價更重要。在這一課，同學們將學習如何進行這方面的評估，同時也會明白為什麼有時候大家對於益處和代價，哪一項比較重要的看法會不一樣。

　　上完這一課，同學們應該能評估保有隱私的益處與代價，同時能說明在某個特定的情況下，哪一項益處或代價是最重要的？

本課新名詞

思考工具　價值觀　利益

學習重點1

為什麼評估保有隱私的益處與代價很重要

　　評估保有隱私的益處與代價，有助於我們判斷在某些情況中，隱私所帶來的哪些結果最重要。評估這些益處與代價，就可以讓我們針對是否要保護這項隱私做出明智而公平的決定。

　　針對保有隱私帶來的各項益處與必須付出的代價，到底哪些部分最重要，

● 在這個情況裡，哪一項比較重要？是保有隱私的益處，還是保有隱私的代價？為什麼？

大家的看法可能都不一樣。

想像一下，如果學校規定：「無論什麼理由，任何人都不能搜查學生的抽屜。」大家應該都會同意這項規定的益處，就是每個人都能自由安心的在學校放置個人的物品，像是日記、書本、筆等。

同學們應該也會同意這項規定必須付出的代價，就是很可能引來同學們不適當的行為。例如，可能會有學生把偷來的東西、毒品、刀械或其他不該放在學校的物品藏在抽屜裡。

有些人可能會認為這項規定所帶來的益處，遠勝過代價，或是認為這項益處比代價更為重要。但是，另外一些人卻可能認為要付出的代價超過益處。

解決問題

權衡故事中，保有隱私的益處與代價

請同學閱讀「班級幹部的秘密會議」。然後分組並回答《運用所學技巧》的問題。

班級幹部的秘密會議

民權國小五年級陳老師班上，同學們選出了士傑、玉琪、偉漢和煥麗四個人擔任班上的幹部，在最近一次會議中，士傑提出以下的建議：

● 放學後班級的幹部應該留下來開會
● 班上其他同學不能參加這些會議

● 班級幹部可以秘密地召開會議嗎？為什麼？

士傑認為如果這樣做，就不會有那麼多人發言，可以節省很多時間，而且班上的幹部也能自由發言，而不必擔心可能因為說了哪些話，讓其他同學聽了感到不開心。

玉琪覺得這是個好主意，可是偉漢和煥麗並不完全贊成，他們都同意開會時幹部們應該保有更多的隱私，可以讓班級幹部做起事情來更容易。但是煥麗也認為班上其他的同學應該不希望未經大家同意，由少數班級幹部在私底下做了決定，卻要全班來遵守。於是這幾位幹部決定把私下開會可能造成的結果，列成一張表，利用這張表來幫助他們決定該怎麼做。

運用所學技巧

1. 在這個故事中，保有隱私會帶來哪些結果？
2. 哪些結果是益處？哪些結果是代價？
3. 假如你是班上的幹部，你認為哪一項比較重要？是益處還是代價？
4. 假如你是選出這些幹部的同學，你認為哪一項比較重要？是益處還是代價？
5. 在這個故事裡，為什麼不同的人，對於保有隱私的益處與代價的看法也有所不同？

學習重點2

有助於我們決定在某個情況下，是否要保有隱私的思考工具

當我們必須決定是不是該保有某項隱私的時候，可以先問自己一些問題，這些問題稱為「思考工具」。「思考工具」是一組可以針對某個議題引導我們進行思考、協助我們作決定的想法或問題。

在前面的課程中，我們曾用過一些問題，來檢驗隱私的觀念，這些問題就是用來評估保有隱私的益處與代價的部分「思考工具」。在我們作決定的時候，一定要同時考慮其他的價值與利益的重要性，例如：自由、人性尊嚴，以及社會的利益等。

權衡保有隱私的益處與代價的思考工具表	
1. 誰想要保有隱私？	
2. 在這個情況裡，這個（些）人想保有什麼事情或是什麼樣的隱私？	
3. 在這個情境下，保有隱私會有哪些結果？ 　A. 哪些結果是益處？ 　B. 哪些結果是代價？	
4. 在這個情況裡，還應該考慮哪些重要的價值與利益？	
5. 在這個情況裡，哪一邊看起來比較重要？是益處還是代價？	
6. 在這個情況裡，這個（些）人應該怎麼辦？為什麼？	

LESSON6

解決問題

評估故事中保有隱私的益處與代價

　　請同學閱讀「貝克街秘密社團」的故事，然後分組並完成第53頁「權衡保有隱私的益處與代價的思考工具表」，幫助這個社團的成員做出決定。

貝克街秘密社團

　　幾個月前，住在貝克街的幾位少年發起組成了一個社團，並把這個社團命名為「貝克街秘密社團」。

　　團員之一的偉邦建議大家可以利用他家後院的空地打造一間社團小屋，其他團員都覺得這個主意真是好極了！於是，他們在偉邦家的後院搭了一頂大帳棚，還在外面掛了一面告示牌，上面寫著：「非會員謝絕入內」。

　●這些孩子們應該改變貝克街秘密社團的規則嗎？為什麼？

偉邦召開社團的第一次大會，會員們一起為社團訂定了兩條規則：
● 只有住在貝克街的少年，才能加入這個社團。
● 社團成員不能把社團小屋中進行的任何活動，向外人透露。

偉邦花了很多時間待在社團小屋裡。在這個地方，他可以很放心的自由發表言論，因為他知道其他人不會把他說的話傳出去，他們激發出很多新的想法，擬訂了許多可以執行的計畫。

以前偉邦時常花很多時間和小珍在一起聊天或遊戲，不過他現在幾乎很難見到小珍一面。因為小珍不住在貝克街，所以無法加入這個社團。小珍覺得很生氣，因為偉邦不再和她分享任何事情。

偉邦也開始感到有些困惑，社團訂定這樣的規則到底妥不妥當？他很想念小珍，有時他甚至覺得其他社員的行為很愚蠢，大家在社團小屋中的行為舉止不像平常在家裡，或是像在學校裡的表現那麼好，他們常常一再反覆談論同樣的事情，或是會想出很多計畫，但是卻從來沒有付諸實行。

● 對偉邦來說，社團保有隱私的益處與代價有哪些？

偉邦終於提出建議：「把社團的規則取消。」團員說他們要開會討論再做最後的決定。你覺得他們應該怎麼辦呢？

運用所學技巧

1. 假如你是貝克街秘密社團的成員，你覺得這兩項隱私的規則所帶來的結果，哪一項比較重要？是益處還是代價？
2. 假如你是小珍，你覺得這兩項隱私的規則所帶來的結果，哪一項比較重要？是益處還是代價？
3. 碰到這種情況時，「權衡隱私的益處與代價的思考工具表」如何幫助你決定該怎麼辦？

LESSON6

活用所知

1. 班上的同學一起編一齣以「保有隱私的益處與代價」為主題的短劇，
   並在全班面前演出這齣短劇。在短劇裡，請演員們針對隱私的益處與
   代價哪一項比較重要，採取明確的立場。

2. 把你最喜歡的電視節目中有關隱私的例子寫下來，同時把每個例子中
   保有隱私的益處與代價列成一張表，向全班同學報告，說明你覺得在
   那樣的情況中，保有隱私的益處或代價哪一項比較重要。

MEMO

LESSON7

▌第七課 權衡保有隱私的益處與代價(二)

本課目標

　　同學們已經知道如何把保有隱私的結果區分為益處或代價，可以開始運用這些新技巧囉！在這一課，同學們將評估某一項與隱私有關的法律草案的益處與代價，並權衡其重要性。

　　上完這一課，同學們應該能說明，如果這項法案通過的話，會為人們帶來哪些益處？以及人們必須付出哪些代價？同時也能說明，我們如何運用「思考工具」，來協助決定要不要通過這項法案。

 本課新名詞　　法案

參加立法公聽會

評估科技如何影響個人隱私，做出決定並說明自己的立場

　　科技的進步會帶來一些有關隱私的問題，這些問題很有趣，卻也很難解決。科技以各種不同的方式影響到我們的隱私，像是在學校使用電腦，常常是每個人各有自己的密碼，以免別人任意進入我們的檔案；如果寄電子郵件給朋友，我們可能也會擔心別人偷看信件的內容。說不定將來有一天，我們也得面對以下「追蹤卡」的故事中所提到的各項問題。

　　請同學們先閱讀「追蹤卡」的故事，然後和其他小組成員，一起參加一個立法公聽會。

追蹤卡

有一家電子公司推出了一種用來監視員工活動的新裝置,許多公司都可以在工作場所中設置這項裝置。

這項裝置的外表看起來就像是一張信用卡,中間有個很小的電子晶片,員工在進入或離開公司建築的時候,都必須把這張卡插入一個電子讀卡機裡。

這個讀卡機會啟動卡片功能,把員工的姓名和抵達工作場所的時間記錄下來。在上班時間內,員工必須把卡片別在衣服上隨身攜帶著,整棟辦公大樓裡都有感應裝置,就連自助餐廳和洗手間都不例外,這些感應裝置會對卡片進行追蹤,然後把訊號傳送到一個監視器上。

● 科技可能以哪些方式影響我們的隱私?其中哪些是益處?哪些是代價?

監視器會把員工在上班時間內,每一分鐘所在的位置都記錄下來,因此,假如你進入別人的辦公室,監視器就會記下這件事,還會記下你停留在那裡的時間有多久。等員工要離開辦公大樓的時候,必須再把追蹤卡插進電子讀卡機,這時下班時間就會被記錄下來,卡片功能也會暫時關閉。

很多公司的管理階層都表示他們很需要這套系統。他們想要知道員工們在上班時間內,是不是都認真工作、有沒有遵守公司的規定、休息時間會不會太長、中午用餐時間是不是太久……等等,有些公司甚至還擔心員工會有偷竊或吸毒這一類的不法行為。

很多員工則擔心這樣一來自己在公司裡會失去隱私。他們認為這種裝置侵犯

LESSON7

人性尊嚴，讓每個人要做什麼動作之前，都得先停下來想一想，員工們更有一種不被信任的感覺，他們希望能維護自己在工作場所的隱私。

很多員工都與自己選區的立法委員聯絡，要求他們制定法律禁止使用這類追蹤裝置。

這項法律草案的內容是：「禁止在工作場所使用追蹤卡或監視晶片。」

針對這一項提案，立法委員們組成了一個委員會，準備在各縣市舉行公聽會，以權衡在工作場所中維護隱私的益處與代價。

法案

法律草案，提出來等待立法機關審議通過。

準備參與立法公聽會(一)：參與公聽會的各組成員及立場

■ 第一組：立法委員們組成的委員會
這一組應該仔細評估這項法案的益處與代價，你們的目標是要確定保護員工在工作場合隱私的益處能勝過代價。

■ 第二組：受雇者工會
這一組贊成這項法案。你們認為如果老闆們可以在工作場所中全程監視員工，會讓員工們缺乏信任感。如果員工無法和別人自由地討論本身的工作，就可能無法恰當的執行工作。你們強調即使在工作場所，每個人也都會有需要保有隱私的時候。

■ 第三組：往來的廠商
這一組贊成這項法案。你們代表那些不需要這項裝置的公司，因為你們不希望員工送貨到具有這項裝置的企業時，也跟著受到監視。你們的立場是，只要有企業使用追蹤卡，你們就不想再和他們做生意。

■ 第四組：公司管理階層
這一組反對這項法案。你們覺得有必要清楚地了解並掌握員工們到底有沒有把工作做好，以及有沒有遵守公司的規定。

● 假如你是公司老闆，針對這項法案，
你可能會採取什麼樣的立場？

■ 第五組：公司老闆

　　這一組反對這項法案。你們付錢請員工來上班，
當然希望經理們能夠完全掌握員工的工作情況。

■ 第六組：支持就業機會的社區人士

　　這一組贊成這項法案。你們認為追蹤裝置會導致很多工作機會減少，而且老
闆一旦裝設了這種設施，就會減少雇用監督管理員工的人力。

準備參與立法公聽會(二)：各組的職責

　　請老師把全班分為六組，其中一組負責扮演立法委員組成的委員會，另外五組則
分別擔任其他各組的角色。

　　請各組運用第53頁「權衡保有隱私的益處與代價的思考工具表」來分析和追蹤卡
這項法案有關的問題。

　　第一組必須選出一位組員擔任主席，負責引導主持公聽會的進行，這一組還須準
備一些在公聽會中要詢問其他各小組的問題。

　　其他小組必須採取前面所設定好的立場，以及運用並完成「思考工具」的各項問
題，在委員會面前發表一篇簡短的報告。每組選出一位同學負責報告，其他組員則協
助回答委員會成員所提出的問題。

立法公聽會的進行程序

　　立法委員會的主席宣布公聽會開始，每組代表必須在委員會面前發表自己那一組的看法。在各組簡短報告完後，主席要給其他委員會的成員一些時間，對各組提出問題。

● 為什麼參與立法公聽會的各小組，針對這項法案會有不同的看法？

　　立法委員會聽完各組的意見之後，必須針對所提議的法案展開討論。然後，委員會成員還要進行投票，決定是否將法案送交立法機關審查。

討論活動

1. 你同不同意立法委員會的決定？為什麼？
2. 在公聽會中各組提出這項法案的益處與代價，你認為哪些最重要？為什麼？
3. 如果立法機關通過這項法律，可能會發生什麼樣的狀況？
4. 想想看還有哪些其他的方式，可以用來處理這個隱私的問題？
5. 在這個情況裡，清楚地了解隱私的結果，並把這些結果加以區分為益處還是代價，如何有助於你做出有關隱私的決定？

MEMO

UNIT 4

● 針對插圖中的各種情況，如果你想對這些人的隱私權加以限制的話，你會設定什麼樣的限制？

單元目標

在這個單元，同學會學到在一些不同的狀況裡的人們，該如何決定是否要尊重他人的隱私。要做出這些決定，有時是很困難的事。

同學們要知道每個人都有隱私權，這是一項很重要的權利，必須加以保護。但是，隱私權並不是一種絕對或者毫無限制的權利，有時我們的隱私權必須受到限制，因為有些事情比隱私權的保護更為重要。

這一單元的內容可以幫助我們檢視有關隱私的範圍與限制的問題，並做出決定。同學們將學到一組思考工具，用來幫助我們作決定。

LESSON8

第八課　什麼時候該保護隱私權

本課目標

　　在這一課，同學們將會看到一些隱私權應該受到保護的狀況，以及一些隱私權或許不該受到保護的狀況。同學們會學到在民主社會中，雖然人們都享有保有隱私的權利，但隱私權並不是一種絕對，或者絲毫不受限制的權利。

　　上完這一課，同學們應該能夠評估在某個特定情況裡，隱私權是該受到保護，還是該受到限制？然後採取一個立場，並為自己的立場進行辯護。

本課新名詞

限制　範圍

學習重點 I

什麼是隱私權

　　英國政府在美國的殖民時代，英國官員有使用所謂的「執行令」。「執行令」可以讓任何政府官員隨時進入民眾的家中或商店進行搜索，而且搜索的目標不限任何物品，這種「執行令」一旦核發，就永遠有效。

　　早期從英國到美國的移民者認為他們應該要有「隱私權」，因為一個人的家就像是個人的堡壘，不容許別人隨便入侵。因此美國革命

● 如果你的家就是你的堡壘，你有什麼樣的權利？這些權利應該受到任何限制嗎？為什麼？

要爭取的權利之一，就是廢除這種可以任意進行搜索的「執行令」。

　　一般人可以透過習俗或法律，或者同時透過這兩者來獲得隱私權。像是在美國，尊重別人的隱私權，不「竊聽」或注意聽別人私下的談話是一種習俗，如果你在一旁竊聽，會讓人感覺你很沒有禮貌，他們可能因此討厭你或看不起你。

　　在很多情況下，法律也有保護隱私權的相關規定，如果有人違反了這些法律，就可能會受到處罰。

　　例如：如果有人半夜在你的窗外偷窺被發現，就可能會因為侵犯了你的隱私權而遭到逮捕。

學習重點2

為什麼隱私權很重要

● 美國移民者的經驗，如何影響了他們對隱私權的看法？

　　美國人向來非常重視隱私，因此在美國隱私受到最高階的法律—「憲法」的保障。美國憲法本身並沒有提到「隱私」這個名詞，不過在「權利法案」中有好幾次都提到憲法應保障人民的隱私，不受政府的干擾。
● 美國憲法中的第三增修條文：禁止士兵進駐到私人的住宅裡面。
● 美國憲法中的第四增修條文：保護人民的住宅與財產不會受到不合理的搜索與扣押。
● 美國憲法中的第五增修條文：不能強迫人民在法庭上發表對自己不利或證明自己有罪的言論。

保障隱私權讓我們獲得很多其他方面的自由。有了隱私權，我們就可以不受別人干擾，自由思考、表達自己的想法；有了隱私權，我們就可以依照自己的方式，和別人交往，或者選擇宗教信仰。隱私權保護了每一個人是獨立的個體的權利，因此，隱私權也要求我們必須尊重其他的人。

● 你認為哪一項比較重要？是個人的隱私權，還是搭機乘客的安全？為什麼？

　　隱私權並不是一種絕對，或者完全不受限制的權利。有時候，其他的事情會比保有個人隱私的權利更重要，在這種情形下，就必須公平合理的限制個人的隱私權。例如，當旅客在搭乘飛機前，必須通過安檢區的安檢門，甚至會有安全人員使用一種金屬探測器做檢查，這種儀器可以用來找出藏在衣服或行李中的金屬物體，像是槍械、武器等等。因為，若是這類物品一旦被帶上飛機，可能十分危險。遇到這種狀況的時候，我們的隱私權就會受到限制，目的是要保護所有搭機乘客的安全與性命。

　　同學們還應該了解，未成年的學生的隱私權也會受到一些限制。同學們的父母、師長或其他權威人士，有時必須限制你們的隱私，目的也是為了要保護你們的安全，不受傷害，這是十分重要的。等同學們年紀再成長一點時，就可以獲得和一般成人同樣的隱私權。

解決問題

在故事裡，誰想限制他人的隱私權

　　上次我們閱讀「超級英雄小馬」的故事，學到了保有隱私會產生一些結果，而且有些結果是益處，有的則是代價。在下一段的故事裡，我們會看到一些隱私權的實例，同時學習什麼時候我們必須決定是要保護這項權利，還是限制這項權利。請同學閱讀故事，然後分組並回答後面的問題。

超級英雄小馬（四）

　　此後，小布和奶奶幾乎每天早上在小布上學之前，都會到橡樹叢中碰面。小布會把有關「超級英雄小馬」的新構想和奶奶分享，奶奶因此成了小布的頭號書迷。

　　超級英雄小馬和力量女神寶拉成了志同道合的夥伴，他們兩人一起聯手推出一個又一個的新發明。有一天，小馬和寶拉正埋首於工作中，忽然聽見秘密基地外面傳來巨大的聲響。

　　原來聲音是來自住在山丘上城堡中的巨人，巨人一面大聲的狂吼，一面衝進他們的秘密基地。

　　巨人大吼大叫：「你們在這個小屋子裡藏了什麼？我要看你們藏在這裡所有的東西！我要進行突擊檢查，你們兩個不要在我面前礙手礙腳。」

　　小馬看著力量女神寶拉,他們兩人一定得採取行動,可是應該怎麼辦呢?他們得趕快想出一個對策。

　　這時,奶奶突然出聲打斷了小布的故事。奶奶說:「小布,這故事精彩極了,可是我想你得去上學了,已經快八點了。」

　　小布乖乖的去上學,奶奶則慢慢的走回家看著電視播出的晨間新聞:

　　今天市議會針對市區四周的交通與停車問題,公布了一份特別報告。為了紓解街道上的交通壅塞問題,市議會建議在公園邊緣,也就是橡樹叢目前所在的位置,興建一座停車場,汽車駕駛可以把車停在那裡,然後搭接駁巴士進入市中心。

　　奶奶看到這個消息,十分吃驚。「真是太可怕了,市議會要把橡樹叢砍了。」她心想,「我一定得採取某些行動,我來寫一封信,投書給報社,只要大家能了解橡樹叢的價值,市議員就會改變想法。」

　　奶奶寫的信內容很簡短,直接切中要點:

親愛的主編:
　　我們必須阻止市議會的行動,社區居民需要橡樹叢,我們需要一個安安靜靜,可以思考、工作與獨處的地方。

　　橡樹叢對我和我的孫子來說,是個非常特別的地方。那裡的樹木已經有百年以上的歷史。而要解決這個城市的交通問題,一定會有比原來更好的辦法。謹此致謝。

　　　　　　　　　　　　　　　　　　　　　　　　　　陳太太　敬上

　　「我現在要把信送到報社,希望他們能刊登。」奶奶這麼想著。

　　奶奶把信交給她在報社遇見的第一個人。「我是張心平,是這家報社的主

● 哪一件事比較重要？是人們在橡樹叢中的隱私權？還是市區街道井井有條、安全無虞的交通狀況？為什麼？

編。」她問奶奶：「妳在信上提到，橡樹叢是個很特別的地方，那地方有什麼特別之處呢？」

「那是個適合私下獨處的地方，是我們的藏身處。我會到那裡寫作，還有我的孫子－小布，也會到那裡畫漫畫。」奶奶回答。

「漫畫——聽起來很有趣！如果今天下午一點以前，我可以拿到一些妳的孫子畫的漫畫，我就會把這封信和他的漫畫，一起登在明天的報紙頭版上！」張主編說。

「可是小布三點才放學，我能不能那時候再把他的漫畫送來？」奶奶問。

主編回答：「很抱歉，我們的截稿時間是一點。陳太太，希望我們還有機會再碰面。」

　　奶奶不太確定自己應該怎麼做？她心想：「如果這件事能夠登上報紙的頭版當然很好，這樣一定有助於挽救橡樹叢，可是我一定要在一點鐘以前，拿到小布的漫畫，他們才來得及把我的投書刊登在頭版。」

　　這時奶奶想到了一個主意：「或許，我可以自己去挑選幾幅小布的畫！我知道他把那些畫放在置物箱裡，應該不難找。」

　　但奶奶還是很猶豫，她心想：「可是從另一方面來說，我知道小布很在意那些畫的隱私，假如我去翻他的置物箱，他大概會很生氣，他可能不希望看到『超級英雄小馬』出現在報紙頭版上。」

　　「我應該自己去拿他的畫，還是等他回來？這樣是不是會平白錯過讓我的投書登上報紙頭版的機會？喔！我的老天，真希望我知道該怎麼辦就好了。」奶奶大大的嘆了一口氣。

●如果你是小布的奶奶，會不會因此限制小布的隱私？為什麼？

仔細想想

1. 在這個故事裡，誰想保有隱私？
2. 你覺得他有什麼樣的隱私權？為什麼？
3. 在這個故事裡，誰想限制別人的隱私？為什麼？
4. 這個故事裡，在決定是不是該限制隱私時，你會考慮哪些因素？
5. 有沒有其他方式可以處理這個狀況？
6. 你覺得奶奶該怎麼辦？為什麼？

學習重點3

什麼是隱私的範圍與限制

我們已經學到人民有隱私權。當我們說隱私的「範圍」時，指的是一個人在某個特定情況下，能夠保有隱私的領域。

我們還學到隱私權並不是一種絕對的權利，當我們提到隱私的「限制」時，指的是一個人隱私權的界限。

● 在這個情境下，決定要限制一個人的隱私時，你可能要考慮哪些事情？

當我們想到隱私權的範圍與限制時，必須同時考慮其他一些重要的價值與利益。我們已經學到，隱私是一種重要的自由。我們珍惜自己「獨處」的權利，珍惜「隱私」，因為隱私能幫助我們發揮創造力，讓我們感到安全，還能讓我們有機會決定要和別人分享哪些關於自己的事情，以及不和別人分享哪些事情。

我們還學到必須考慮一些重要的利益。或許我們有必要預防或指出不當的行為，有必要找出他人的錯誤並予以更正，這些利益對整體社會而言，十分重要。

決定以下情況中隱私的範圍與限制

請同學閱讀以下的故事，然後分組討論，並回答有關「隱私的範圍與限制」的問題。

兩百元不見了!

費老師班上的學生很快樂,因為老師讓他們保有很多的隱私。

費老師要求班上的學生每天都要寫日記,把自己一天生活之中感到快樂的事情,或者可能碰上的問題都寫下來。但是她答應班上同學,不會去看大家的日記內容。

費老師向班上的學生宣布,大家可以把視為私人的物品,放在自己的書桌抽屜裡;這個班級在選舉幹部時,採用的也是無記名的投票方式。

有一天,班上一位名叫美琪的學生想送爸爸一份生日禮物,她決定用自己一半的存款兩百元來買禮物。

美琪早上出門前,把這筆錢放在小皮包裡,到了學校,她和好朋友們討論要買些什麼送給爸爸,接著就傳來上課的鈴聲,每個人都走進教室。這天下午,全班學生到操場打壘球,美琪把小皮包放在一張長椅上,輪到她上場打擊的時候,她擊出了一支全壘打!

● 在這個故事裡,還有哪些其他的價值與利益,可能會對隱私權產生影響?

回到教室後，美琪打開小皮包，萬萬沒想到裡面的錢竟然不見了！她急忙跑去找費老師，向老師報告這件事。因此，費老師詢問班上同學，有沒有人看見誰拿走美琪小皮包裡面的錢，可是卻沒有人回答。於是，費老師叫全班同學把自己口袋和錢包裡的物品都拿出來。有些同學說，他們認為口袋或錢包裡的物品是個人的隱私，應該要保密。

運用所學技巧

1. 在這個故事裡，隱私權的範圍是什麼？
2. 在這個故事裡，個人的隱私受到哪些限制？
3. 在這個故事裡，有哪些價值與利益是互相衝突的？
4. 如果碰到類似的情況，你會怎麼辦？為什麼？

如何解決故事中隱私的問題

在前面的課程中我們已經學到，有時政府官員會想限制我們的隱私權。其他還有一些像是新聞記者或某些行業的人，也會想限制我們隱私權的範圍。請同學閱讀下面的故事，然後分組討論並回答《運用所學技巧》的問題，決定在這樣的情況下，隱私應該有什麼樣的範圍與限制。

巴先生搬家

陳玉如是台南一家地方報社的記者，她正在寫一篇關於員工偷竊公司財物的報導。

為了撰寫這篇報導，陳玉如做了很多研究，其中一位研究的對象就是巴先生。巴先生十年前在另一個縣市的玩具公司任職，結果因為偷了公司一萬塊錢，被判有罪。

法官判巴先生三年有期徒刑。巴先生服刑期滿出獄後，就和家人一起搬到台南，他和太太兩個人都在一家工廠上班，很努力的工作存錢，後來也把錢還給玩具公司了，並且還開了屬於自己的店。

在陳玉如的報導即將刊登出來的前幾天，巴先生有位在報社工作的朋友打電話給巴先生，告訴他這件事。

● 有沒有什麼樣的事情是報紙也必須要保持隱私的？為什麼？

　　巴先生去和報社的編輯溝通，他說那篇報導的內容屬實，但是他已經把偷來的錢還清了。現在他和太太、還有三個小孩，在台南過著幸福快樂的生活，不希望舊事重提。因此，他要求編輯把他的名字從整篇報導中拿掉，假如報社把他的名字刊登出來，他就要提出控告。

　　編輯說他會先和陳玉如溝通，再做最後的決定。

● 如果你是一位報社記者，在決定要不要在關於員工偷竊的文章中，公布某個人的名字時，你會考慮哪些價值和利益？

運用所學技巧

1. 在這個故事裡，誰想保有隱私？
2. 這個人想保有什麼樣的隱私？為什麼？
3. 在這個故事裡，誰想要限制隱私？為什麼？
4. 這個人想如何限制隱私？為什麼？
5. 在這個故事裡，有哪些價值與利益互相衝突？
6. 在這個故事裡面，如果尊重隱私可能會有哪些結果？其中哪些是益處？哪些是代價？
7. 在這個情境下，你會決定怎麼做？為什麼？

活用所知

1. 把在學校裡曾經發生過的某些隱私產生衝突的狀況，列成一張表。試試看能不能找出一個妥善處理這個衝突的方式，同時寫一段短短的演講稿，向全班同學說明這個情況。

2. 安排一個全班的活動計畫，邀請一位社會人士，像是警官、法官或校長到班上來。請這位人士敘述一個隱私產生衝突的狀況，以及解決衝突的方式。

3. 把班上同學分成幾個小組，每一組編一齣舞蹈或默劇，把他人可能想限制我們隱私權的例子演出來，這個表演從頭到尾都不要有對白。

▌第九課 有助於解決隱私問題的思考工具

本課目標

在這一課，同學們將學到一些有助於用來解決隱私問題的「思考工具」，這些工具可以幫助你檢驗隱私與其他重要的權利或價值相衝突的狀況，並幫助同學練習針對這些問題找到解決的方法。

上完這一課，同學們應該能夠說明並運用這些解決隱私問題的「思考工具」。

 本課新名詞　合法權力　法律責任　道德責任

學習重點1

有助於解決隱私問題的思考工具

當隱私和其他重要的價值或權利產生衝突時，該如何解決這種衝突？我們可以遵循以下的步驟，進而找到合理而公平的解決辦法。

① 先檢查想要保有隱私的一方

我們在前面的課程中已經學到幾個必須了解的問題，包括：

■ 誰想要隱私？想要保有隱私的內容是什麼？他們為什麼想要保有這項隱私？

② 檢查想要限制別人隱私的一方

我們也必須了解想要限制別人隱私的一方。包括：

■ 誰想要限制隱私？這個人想要怎麼做來限制隱私？這個人為什麼想限制隱私？

③ 其他有助於決定如何解決這個問題的考量

要決定隱私的問題時，還必須考量下面這些重要的事項：

■ 主張有隱私權的人是不是同意自己的隱私權必須受到限制？

例如：玉真同意讓警察搜查她的車。

■ 想要限制隱私的人，是不是有侵犯別人隱私的合法權力？為什麼？

例如：如果陳警官看見有人在進行犯罪行為、或是有充分的理由相信有人正在犯罪，他就有合法權力來限制別人的隱私權。

合法權力

法律准許的事。在法律規定的範圍內，可以自由決定要不要去做的事。例如，競選公職人員、或只要符合相關規定，多數人都享有投票的合法權力。至於是否去投票，可由個人自由決定。

法律責任

法律規定要做的事；不是我們自願去做，而是法律規定而必須要做的事。例如，每個人都有必須繳稅的法律責任。

■ 想要限制隱私的人，是否有不侵犯他人隱私的法律責任？為什麼？

例如：有些地方的法律，會要求醫師和護士對病人的資料必須保密。

道德責任

依據一個社會中是非對錯的共通原則而必須做的事。例如，說實話就是一種道德責任。

■ 想要限制別人隱私的人是不是必須遵守道德責任，而不能侵犯別人的隱私呢？

例如：小齊承諾阿旺，絕對不會把他的秘密告訴別人。

④ 權衡保有隱私的益處與代價

我們已經學過如何分辨隱私的益處與代價。

■ **在這個情況下，尊重隱私會有哪些結果？哪些結果是益處？哪些結果是代價？**

在回答這些問題時，我們應該考慮前面學過的一些隱私常見的益處與代價：

常見的益處
- 自由
- 創造力
- 安全與信賴
- 保護自己的想法

常見的代價
- 喪失新想法
- 寂寞
- 不當的行為
- 可能發生錯誤無法糾正
- 憤恨與厭惡感

同時，我們還應該再想想還有沒有其他的方式可以用來解決這個問題。同學們可以決定不讓當事人保有隱私，或者找出一個折衷的辦法，不論怎麼決定，記得一定要評估每個建議方案的益處與代價。

⑤ 決定並堅持自己的立場

我們必須決定一個我們認為最好的辦法來解決這個問題，並向全班同學說明如此決定的理由。

解決隱私問題的思考工具

1. 檢查想要保有隱私的一方： ● 誰想要隱私？ ● 想要保有隱私的內容是什麼？ ● 他們為什麼想要保有隱私？	
2. 檢查想要限制隱私的一方： ● 誰想要限制隱私？ ● 這個人要如何限制隱私？ ● 這個人為什麼想要限制隱私？	
3. 其他有助於決定如何解決問題的考量 ● 想要保有隱私的人，是否同意自己的隱私權受到限制？ ● 想要限制隱私的人，是否有侵犯別人隱私的合法權力？為什麼？ ● 想要限制隱私的人，是否有不侵犯他人隱私的法律責任？為什麼？ ● 想要限制隱私的人，是否有不侵犯他人隱私的道德責任？為什麼？	
4. 權衡保有隱私的益處與代價： ● 在這個情況下，尊重隱私會有哪些結果？ ● 哪些結果是益處？ ● 哪些結果是代價？ ● 還有沒有其他的方式，可以用來處理這個問題？這些方式有什麼益處與代價？	
5. 決定並堅持如何解決這個問題的立場或方式？ 並說明原因。	

如何解決故事中有關隱私的問題

請同學閱讀「揮之不去的記憶」的故事。然後分組討論並完成第73頁「解決隱私問題」的思考工具表。

揮之不去的記憶

一天晚上，小強在操場上打籃球。忽然間，他聽見「砰！」地好大一聲，接著就傳來汽車加速開走的聲音。他轉過頭，正好看見一輛汽車消失在街道的遠方。

後來，小強才知道阿輝被人開槍打傷送進了醫院。

那個星期快結束的時候，又有新的消息傳出來：跟阿輝同夥的幫派已經找到那輛汽車的車主。原來車主是另一個幫派的頭頭，他們的地盤在市區另一端，和阿輝的幫派是死對頭。小強知道，阿輝所屬的幫派一定會設法採取報復行動。

志紳是輔導青少年的社工人員，他想試著阻止這些幫派暴力惡鬥。他來到操場，小強正好在這裡練習投籃。志紳問：「你常常在這兒打球嗎？上星期你是不是剛好看見了什麼？」

● 一般人在決定是否要保密時，應該考慮哪些事情？

　　一開始小強只是搖頭。接著他想起阿輝傷得有多嚴重，他也想幫忙阻止暴力，於是他把自己看見的一切經過，都告訴了志紳，同時要求志紳，不要把他說的這些事告訴別人，他不希望幫派份子來找他報復，志紳答應了。

　　那天晚上，志紳回到辦公室時，有兩名正在調查阿輝案件的警官在那裡等他。其中一名警官說：「志紳，如果有人知道事情的真相，那一定是你。」

　　志紳的腦海不停地思考著。按照法律的規範，在這種情況下，他得把對犯罪事件的了解──不管是已經發生、還是尚未發生的犯罪事件，都全盤告訴警察，可是他又答應過小強，不把這些事情告訴別人。

　　你認為志紳應該把他知道的全部事情告訴警察嗎？

運用所學技巧

1. 在這種情況下，如果你是志紳，你會怎麼做？為什麼？
2. 「解決隱私問題的思考工具」如何協助你處理這個問題？

學習重點2

什麼時候不應該保有隱私

　　有時候有些事情不該保持隱私，尤其是像同學們這個年紀的人。有時，我們自己或朋友們會碰上一些如果讓別人知道就可能令我們感覺很尷尬的事情。

　　不過很多時候，即使會感到尷尬，或者你覺得可能會害別人惹上麻煩，還是應該把那些隱私說出

●年紀輕的人，尤其是未成年的人，在決定是否保持隱私時，應該考慮哪些事情？

來。只是這並不表示，你可以隨隨便便，沒什麼充分的理由，就把家人或朋友的秘密說出來。

什麼時候最好不要保有隱私

- 當你知道某些事情有問題或不對的時候，應該告訴負責處理的人。
- 當你覺得保守某項秘密會讓你感到不舒服、不安心的時候，就應該告訴負責處理的人。
- 當你受到任何形式的威脅的時候，都應該告訴負責處理的人。

活用所知

1. 請同學們為「揮之不去的記憶」這篇故事寫出結局。在這段結局中，說明志紳做了什麼樣的決定，以及由於他的決定，後來發生了些什麼樣的情形。

2. 請同學找一個在生活中出現隱私衝突的例子，運用學到的思考工具，來檢查這段衝突，並找出一個解決問題的方式。運用「解決隱私問題的思考工具」幫助決定該怎麼辦。

3. 請同學擔任記者的角色，去訪問一個你認識的人，請問這個人是否有過隱私發生衝突的經驗，然後運用「解決隱私問題的思考工具」來整理要問的問題，寫成一篇文章。

MEMO

LESSON10

▌第十課　如何決定與隱私有關的問題

本課目標

在前面的課程中，同學們已經學會了如何檢驗隱私的問題。在這一課，我們將運用這些技巧來評估學校中一些有關隱私的問題，然後決定要採取什麼樣的立場，並堅持自己的立場。

上完這一課，同學們應該要能說明如何使用「思考工具」，來決定有關隱私的問題。

模擬法庭

學校的政策是否侵犯學生的隱私權

以下的故事敘述一個有關校園裡的隱私問題。這是從一個真實的法庭案件改編的故事，請大家先閱讀故事內容，然後老師會說明如何進行這項活動。

新華國小與陳家父母的案例

新華社區是一個人口三千人左右的小社區，社區裡大部分的學生都會參加體育活動，而由學校所舉辦的體育競賽也正是這個社區最主要的活動。

近年來，大部分的社區居民都注意到學校裡發生的的問題越來越多。有老師聽說一些學生有吸毒的習慣，甚至還親眼看見學生正在吸食毒品。社區的人們懷疑有幾位學校運動校隊的隊員可能也有吸毒或嗑藥。

因此，學校的訓導處和輔導室擬出了一項反毒品教育計畫，還想辦法找緝毒犬來校園嗅出毒品。然而，這些措施並沒有根本的解決問題，於是校方制定

了一項新政策。

這項新政策規定：所有學校校隊運動員在每季一開始的時候，都必須接受藥物檢測，而且在每季中間，仍必須接受不定時抽檢。雖然，這些測試的結果會保密，但一旦被測出有陽性毒品反應的運動員，除了必須參加講習課程，還必須週週接受藥物檢測。

如果有人不願意接受藥物檢測，那麼學校就會暫時停止他的校隊運動員資格。自從有了這項新政策後，學校裡吸毒的問題果然開始減少。

十二歲的陳邦彥很想加入學校的足球隊，依規定參加選拔時他就必須接受藥物檢測。但是，他的父母不同意讓他接受這項檢測。他們認為校方沒有理由懷疑邦彥吸毒，這項檢測的規定是侵犯了他的隱私權。陳邦彥的父母宣稱，就算是政府官員也要有很充足的理由，相信某一個人做了違法的事情，才能對他展開搜索。為此，陳家的人到法院提起訴訟，要求法官令學校終止這項政策。

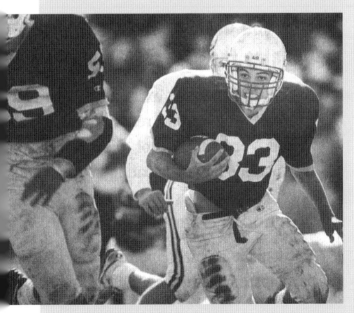

● 在決定學校裡學生的隱私權的範圍與限制時，應該考慮哪些事情？

學校主張，由於學生尚未成年，他們的隱私權必須受到限制。學校認為藥物檢測對學生隱私權的侵害其實很小。

因為只有少數校方的行政人員知道藥物檢測結果呈現陽性的學生名單，而且學校也不會把檢測結果交給警方。學校認為針對運動員進行藥物檢測，是處理學校裡嗑藥問題一種很有效的方式。

準備參與模擬法庭（一）：參與模擬法庭的各組成員及立場

■ 第一組：法官

這一組必須傾聽各方的說法，並提出一些問題，讓自己能更加了解各方所主張的內容。聽完各方的想法以後，你要針對學校政策是否侵犯了陳邦彥的隱私權作決定，並說明理由。

■ 第二組：學校的律師

這一組代表學校。必須負責在出庭時向法官說明校方的政策。這一組要論述為什麼學校相信這樣做並沒有侵犯學生的隱私權。如果法官提問打斷你，你務必要盡力回答法官的問題。

■ 第三組：陳家的律師

這一組代表陳邦彥和他的父母。必須負責在出庭時向法官說明為什麼陳邦彥拒絕接受藥物檢測，以及陳家父母為什麼相信校方的政策侵犯了陳邦彥的隱私權。如果法官提問打斷你，你一定要盡力回答法官的問題。

準備參與模擬法庭（二）：各組職責以及開會的事前準備

請老師把全班同學分為三組，其中一組扮演法官的角色，另外兩組分別扮演代表學校的律師和代表陳家的律師。

● 你可以採用哪些理由來支持學校的立場？你可以採用哪些論述來支持學生的立場？

　　每一組的學生都應該先研究自己所要扮演的角色，以及「新華國小與陳家父母的案例」的內容。每一組成員都應該先完成第81頁「解決隱私問題的思考工具表」，並且運用這些資訊來進行參加模擬法庭辯論前的準備工作。

　　擔任法官的同學們可以運用表格內的資訊，準備要在模擬法庭審判過程中向第二組和第三組提出的問題。這些問題應該要有助於法官們更加瞭解爭執的事件與有關的人物，並能協助法官作決定。

　　第二組和第三組的律師們則應該運用表格內的資訊準備如何提出說明。你們必須闡明事情的經過，同時針對有關係的人物略做陳述，最後，還要能做出結論，說明學校的政策的確侵犯了陳邦彥的隱私權，還是沒有侵犯陳邦彥的隱私權。

模擬法庭的進行程序

●模擬法庭辯論過程如何有助於我們針對某個特定情況下，隱私權的範圍與限制做出公平的決定？

　　為了進行模擬法庭的辯論，請老師再次把學生分組，這一次，每組只有三位同學，也就是每組組成一個法庭，其中一位是法官、一位代表學校的律師，以及一位代表陳家的律師。如此一來，每一位同學都能參加這項模擬法庭辯論活動，而每一組法庭活動都應該遵照以下的程序進行。

- 法官先要求法庭肅靜，宣布開庭。
- 法官先請代表學校的律師先發言。過程中，法官可以隨時打斷律師的發言，提出疑問。
- 在法庭辯論中，律師應該只對法官發言，這樣可以避免不必要的爭吵。
- 接著，法官請代表陳家的律師發言，同樣的，法官可以隨時打斷發言，提出疑問。
- 最後法官可以讓代表學校的律師，在審判過程結束之前，做一點簡短的回應。
- 聽完雙方律師的陳述後，法官就必須針對校方的藥物檢測政策是否侵犯學生的隱私做出判決。
- 請每一位法官，向全班同學說明自己如此判決的原因。

討論活動

1. 你同意法官的決定嗎？為什麼？
2. 有沒有其他的方式，可以用來解決這個問題？
3. 在檢驗這個問題並準備參加模擬法庭辯論過程時，「思考工具」有哪些用處？

MEMO

 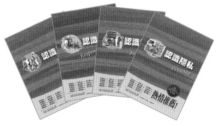